AF452477

PROGRAMME

D'UN COURS

D'HISTOIRE GÉNÉRALE

DÉVELOPPÉ

CONFORMÉMENT AUX PROGRAMMES OFFICIELS DES LYCÉES

DU BACCALAURÉAT ÈS LETTRES

ET DE

L'ÉCOLE MILITAIRE DE SAINT-CYR

PAR M. F. ROYÉ

Professeur d'histoire
au Collège et à l'École préparatoire de Sainte-Barbe

PARIS

(ÉDITIONS DEZOBRY)

F^d TANDOU ET Cie, LIBRAIRES-ÉDITEURS

RUE DES ÉCOLES, 78

Près du Musée de Cluny et de la Sorbonne.

1863

A LA MÊME LIBRAIRIE :

PROGRAMME D'UN COURS D'HISTOIRE DE FRANCE développé conformément au programme du BACCALAURÉAT ÈS SCIENCES et de l'ÉCOLE FORESTIÈRE, par M. F. ROYÉ, *Troisième édition* . . . . 3 fr.

HISTOIRE MODERNE DEPUIS LA CHUTE DE L'EMPIRE GREC JUSQU'A LA RÉVOLUTION FRANÇAISE, par M. F. ROYÉ, professeur d'histoire à Sainte-Barbe, et TEXTE, agrégé d'histoire, 2 beaux volumes in-18 jésus, de plus de 500 pages chacun, ornés de 23 gravures historiques sur bois. Prix brochés. . . . . 7 fr.

PARIS. — IMPRIMERIE DE J. CLAYE, RUE SAINT-BENOIT, 7

AVERTISSEMENT

L'accueil favorable fait au Programme d'histoire de France nous a engagés à publier un travail analogue sur l'histoire générale, suivant le même plan, dans le même esprit. Nous avons pris pour cadre le programme officiel de l'*École militaire de Saint-Cyr*, comme le plus large et le mieux ordonné : mais notre livre répond également à toutes les exigences des programmes des lycées pour les classes de troisième, de seconde et de rhétorique, par conséquent au programme du *baccalauréat ès lettres* (moyen âge et temps modernes). On trouvera à la fin du volume une table établissant la concordance de notre travail avec ces différents programmes.

Dans un résumé d'histoire universelle, nous avons dû

restreindre la part de l'histoire de France, pour la considérer à un point de vue d'ensemble et la faire entrer dans le cadre général. Nous renvoyons pour de plus amples développements et pour l'ordre chronologique des faits à notre programme particulier d'histoire de France.

Juillet 1863.

PROGRAMME

D'UN COURS

D'HISTOIRE GÉNÉRALE

N° I.

Résumé rapide de la civilisation ancienne.

La civilisation ancienne est **venue de l'Orient** et a passé aux peuples de l'Occident **par la Grèce et par Rome** ; son histoire se trouve ainsi partagée en trois périodes :

1° Les grands empires d'Asie,
2° La Grèce,
3° Rome.

PREMIÈRE QUESTION.

Les peuples de l'Orient et les grands empires d'Asie.

Les premiers foyers de la civilisation ancienne furent en Orient : Jérusalem, Tyr, Memphis et Babylone.

1° *Les Juifs.*

C'est **la Bible** ou le livre sacré des Juifs qui nous donne nos premières traditions sur l'histoire du monde ; c'est elle qui nous raconte dans la Genèse la Création (4963), le Déluge (2900) et la **dispersion des fils de Noé** : Sem, qui peupla les contrées occidentales de l'Asie ; Cham, l'Afrique ; Japhet, l'Europe.

L'histoire du peuple juif commence avec **Abraham** et son établissement dans le pays de Chanaan en 2366.

Son législateur fut **Moïse**, avec lequel les Hébreux sortirent de l'Égypte (1645). Il écrivit le Pentateuque ou les cinq premiers livres de la Bible.

Établis après la mort de Moïse dans **la Terre promise**, ils furent d'abord gouvernés par des **juges** tels que Jephté, Samson, Samuel, puis par des **rois : Saül, David** (1055), **Salomon**. Le règne de ces deux derniers est l'apogée de la puissance des Juifs ; c'est Salomon qui construisit le temple de Jérusalem.

Le schisme qui éclata après sa mort partagea les Juifs en deux royaumes : **Israël et Juda** (962).

Ils furent successivement soumis par les rois de Ninive et de Babylone. Nabuchodonosor II emmena les Juifs en **captivité** et détruisit Jérusalem (606).

Soixante-dix ans après, l'**édit de Cyrus** (536) leur rendit leur patrie.

Plus tard ils passèrent sous la domination grecque, puis ils furent confondus dans l'empire romain jusqu'à ce que la seconde **destruction de Jérusalem par Titus**, soixante-dix ans après J.-C., les dispersa par tout le monde.

Ce petit peuple isolé au milieu des grands empires de l'antiquité nous a transmis le **dogme de l'unité de Dieu**. C'est de son sein qu'est sorti le Christ.

2° *Les Phéniciens.*

À côté des Juifs, sur la côte de la Méditerranée, était établi un autre petit peuple, les Phéniciens, peuple de navigateurs et de commerçants qui a contribué plus encore que les grands empires de l'Orient à fonder la civilisation ancienne.

Tyr fut la mère de **Carthage** (880) et de nombreuses **colonies** sur tous les rivages de la Méditerranée.

Ce sont les Phéniciens qui ont apporté aux peuples de l'Occident **l'alphabet**.

3° *Les Égyptiens.*

L'Égypte, bornée de tout temps à la riche et étroite vallée du **Nil**, est le plus ancien empire connu. Les deux plus grandes époques de son histoire sont Sésostris et Néchao.

Le Pharaon **Sésostris** (1643) étendit la domination de l'Égypte par ses **conquêtes** sur toute l'Asie occidentale.

Néchao (617), un des derniers rois, le rival de Nabuchodonosor II, creusa un **canal** du Nil à la mer Rouge, et fit faire, par des navigateurs phéniciens, le **tour de l'Afrique.**

L'Égypte fut conquise par les Perses en 525.

Longtemps fermée aux étrangers, elle a laissé peu de traces dans la civilisation ancienne. Elle se distinguait par les proportions colossales de ses **monuments,** par sa **religion** qui reposait sur les dogmes de la dualité et de la métempsycose, par ses progrès dans l'astronomie et la géométrie.

4° *Les Assyriens.*

Le **premier empire d'Assyrie** fut formé par la réunion de Babylone et de Ninive.

Il arriva à son apogée avec **Sémiramis,** qui fit de Babylone une des merveilles du monde (1900).

Il finit avec **Sardanapale** (759) et fut démembré en trois royaumes : le royaume de Ninive, qui forma un **second empire d'Assyrie,** le royaume de Médie et celui de Babylone.

Babylone reprend avec **Nabopolassar,** en 625, l'empire de l'Asie ; elle devient, par la destruction de Ninive, la capitale d'un **empire Chaldéo-Babylonien** qui arrive à sa plus grande extension avec **Nabuchodonosor II.**

Il finit sous **Balthazar** par la conquête de Cyrus, roi des Perses (538).

5° *Les Mèdes et les Perses.*

La soumission de la Médie par le Perse **Cyrus** fut le commencement d'un vaste empire qui comprit bientôt toute l'Asie occidentale après la **prise de Babylone.**

Cambyse, fils de Cyrus, y ajouta encore l'Égypte.

Darius, **fils d'Hystaspe**, voulait y ajouter la Grèce, mais la Grèce triompha de l'ambition des rois de Perse, et ce fut elle au contraire, avec Alexandre, qui détruisit, en 330, le dernier et le plus vaste des grands empires de l'Orient.

DEUXIÈME QUESTION.

La Grèce.

L'histoire de la Grèce peut se diviser en **trois périodes** : les temps héroïques ou les légendes qui s'étendent jusqu'au VIIIe siècle ; l'époque de grandeur jusqu'à la fin des guerres médiques ; la décadence.

1° *Les temps héroïques.*

Les premiers habitants de la Grèce furent les **Pélasges**, puis les **Hellènes**.

Vers l'an 1600, des **colonies étrangères** fondèrent les principales villes de la Grèce et y apportèrent les éléments des civilisations égyptienne et phénicienne, **Lélex** à Sparte, **Cécrops** à Athènes, **Danaüs** à Argos et **Cadmus** à Thèbes.

Les événements les plus remarquables des temps héroïques sont l'expédition des **Argonautes**, les exploits de **Thésée** et la guerre de Troie, chantée par **Homère** (1270).

La situation géographique du pays et les guerres de races entre les deux grandes tribus helléniques, dorienne et ionienne, amenèrent la fondation de nombreuses **colonies grecques**, particulièrement sur le rivage d'Asie et dans l'Italie méridionale, qui reçut le nom de Grande-Grèce.

2° *Grandeur de la Grèce.*

Les deux villes qui exercèrent le plus d'influence sur les destinées de la Grèce furent Sparte et Athènes.

Sparte, d'origine dorienne, reçut ses lois de **Lycurgue** (884), qui ne s'occupa que de faire un soldat de chaque citoyen.

Athènes, d'origine ionienne, fut la patrie des arts et de la civilisation.

Son législateur fut **Solon**, dont les lois avaient pour but d'assurer la liberté (595).

C'est Athènes surtout qui sauve la civilisation grecque des barbares au siècle des **guerres médiques** (490-449). C'est elle qui fournit Miltiade, Thémistocle, Aristide, Cimon.

Périclès veut assurer le triomphe de la Grèce sur les Perses et la prédominance de sa patrie par le développement de la marine. Il se fait en même temps le protecteur des arts et des lettres, et mérite ainsi de donner son nom à son siècle.

3° *La décadence.*

Délivrés des Perses, les villes grecques se disputèrent entre elles la suprématie.

C'est d'abord Athènes qui succombe dans sa rivalité avec Sparte, à la fin de la **guerre du Péloponèse** (404), puis Thèbes, malgré l'héroïsme de **Pélopidas et d'Épaminondas.**

Enfin la Grèce, affaiblie par ses discordes, passa sous le joug des rois de Macédoine, **Philippe** et Alexandre (336).

Alexandre espérait faire oublier aux Grecs la perte de leur liberté en leur donnant l'empire du monde.

Il meurt à Babylone en 323 et **son empire** finit avec lui, **partagé** en trois royaumes : l'Égypte sous les Ptolémées, la Syrie sous les Séleucides, et la Macédoine.

Les Grecs formèrent la **ligue Achéenne** pour essayer de se soustraire à la domination des rois de Macédoine, mais ils ne purent faire trêve à leurs rivalités intestines; la politique de Rome pénètre chez eux, et **la Grèce**, comme **la Macédoine**, devient une **province romaine** (146).

4° *La civilisation grecque.*

La Grèce fut le principal foyer de la civilisation ancienne, la patrie des dieux, de la poésie, des arts et des sciences.

Homère (900) est resté sans rival dans la poésie épique.

Eschyle, Sophocle, Euripide donnent les modèles de la tragédie, **Aristophane**, de la comédie.

Hérodote et **Thucydide** sont les maîtres de l'histoire.

La philosophie atteint les régions les plus pures et les plus élevées avec **Socrate** (400), **Platon** et **Aristote**.

La médecine commence avec **Hippocrate**, la géométrie avec **Euclide**, la mécanique avec **Archimède**.

C'est dans les arts surtout, par les chefs-d'œuvre de **Phidias**, de **Zeuxis**, de **Praxitèle**, par son architecture que la Grèce a servi d'inspiration à l'art moderne.

TROISIÈME QUESTION.

Rome.

1° Origine et grandeur de Rome ; la république.

Rome fut fondée 753 avant J.-C., par **Romulus**; sa situation géographique peut être considérée comme la première cause de sa grandeur. Elle eut d'abord des **rois**, de 753 à 509.

La république fut établie après **l'exil des Tarquins**, constituée dans le principe d'une manière aristocratique entre les mains du **sénat**, de deux **consuls**, et dans les temps difficiles d'un **dictateur**, choisis parmi les patriciens.

Le peuple opprimé se révolte et arrache successivement aux patriciens : **le tribunat** plébéien, la **loi des 12 tables** avec le decemvirat, la **loi agraire** et enfin le partage des magistratures (367).

Les querelles intérieures n'avaient pas arrêté le développement de la république; la guerre elle-même servait à rétablir l'union entre les deux ordres.

Les légions romaines, une des plus savantes organisations militaires, avaient pour chefs des hommes tels que Cincinnatus, Fabricius.

La politique du sénat, la plus habile et la plus persévérante, préparait les conquêtes et savait les affermir en fondant des colonies ou en accordant aux vaincus le droit de cité.

C'est ainsi que Rome s'assimila d'abord les peuples du Latium, résista aux **invasions gauloises**, soumit l'Italie centrale, malgré l'opiniâtreté des **Samnites,** puis l'Italie méridionale ou Grande-Grèce après la guerre de **Pyrrhus.**

Maîtresse de l'Italie, Rome commença la conquête du monde en triomphant de **Carthage** et d'**Annibal** (202).

Carthage abattue, les Romains ne trouvaient plus autour d'eux qu'anarchie et faiblesse : ils eurent facilement raison de la **Macédoine,** de la **Grèce,** des royaumes d'**Asie** et de l'**Égypte,** débris de l'empire d'Alexandre.

2° Décadence de Rome, troubles civils; l'empire.

La république avait à peine conquis le monde qu'elle retomba dans les troubles civils qui devaient amener sa perte.

Le parti populaire a successivement pour chefs : **les Gracques, Marius, César;** l'aristocratie est représentée par **les Scipions, Sylla et Pompée.**

La république succombe à **Pharsale** et à **Actium** (31 av. J.-C.), l'empire naît avec **Auguste** du besoin d'ordre et de tranquillité.

Auguste commence ce travail d'organisation du monde romain qui a fait la gloire de quelques-uns de ses successeurs : **Vespasien, les Antonins,** Septime Sévère, etc.

Mais les plus capables de ces empereurs pliaient sous le fardeau. **Dioclétien,** en 284, partagea l'empire sans pouvoir en arrêter la décadence.

Constantin, en faisant de Constantinople sa capitale (330) et en établissant le christianisme sur le trône, ne fit qu'accélérer la ruine.

L'empire est une dernière fois réuni dans les mains de **Théodose le Grand** en 395.

Partagé, à sa mort, entre **ses deux fils Arcadius et Honorius,** il est la proie des barbares : l'empire d'Occident finit en 476 avec **Romulus Augustulus.**

Les principales **causes de la chute** de l'empire romain sont :

L'étendue même de l'empire;

La corruption des mœurs et du patriotisme ;

L'insubordination des légions, qui ne furent bientôt plus composées que de barbares ;

L'oppression des provinces par le fisc, de là la misère et la dépopulation des campagnes ;

Enfin, les invasions des barbares.

L'empire d'Orient, après avoir jeté encore un reste d'éclat avec Justinien (527), se traîne jusqu'à la fin du moyen âge au milieu des discussions religieuses ou des querelles du cirque. **Le Bas-Empire**, comme on l'appelle, réduit depuis longtemps à Constantinople, tombe sous les coups des Turcs en 1453.

3° *La civilisation romaine.*

Pour la littérature et les arts **Rome continue la Grèce** et plus qu'elle encore, par la durée de sa domination et l'influence de sa langue, elle a laissé son empreinte dans la civilisation moderne.

Le siècle d'Auguste est un des quatre grands siècles littéraires de l'histoire.

L'administration romaine est restée le modèle de l'ordre et de la régularité.

La législation avait pour base **le droit** et l'égalité.

C'est à l'image du gouvernement impérial et des libertés municipales que s'est formée la royauté au moyen âge, surtout en France, et que se sont organisées les communes.

N° II.

L'invasion germanique. — Chute de l'empire romain d'Occident. — Grandeur, puis décadence des Francs Mérovingiens.

PREMIÈRE QUESTION.

Division et situation géographique du monde barbare.

Les peuples barbares qui ont envahi, au IVe et au Ve siècle.

l'empire romain, occupaient la plupart les contrées septen-
trionales de l'Europe et de l'Asie.

On les divisait en **trois races** principales : la race germanique,
la race sarmatique ou slave, la race scythique ou tartare.

1° *Race germanique.*

La race germanique s'étendait **du Rhin à la Vistule;**
elle comprenait :

Les *Allemands,* les *Francs* et les *Frisons* sur la rive droite
du Rhin ;
Les *Saxons* et les Angles sur la mer du Nord ;
Les *Goths* des Carpathes à la mer Noire, divisés en trois
grandes tribus : les Ostrogoths ou Goths de l'est, les Wisigoths
ou Goths de l'ouest et les Gépides ou traînards restés sur la
Vistule ;
Enfin au centre les *Suèves,* les *Vandales,* les *Longobards*
et les *Burgondes.*

Les Germains, comme tous les peuples barbares, étaient
organisés par **tribus,** qui se réunissaient ordinairement en
confédérations.
Leurs mœurs étaient rudes et honnêtes ; ils aimaient
par dessus tout **la guerre et la liberté.**

Chaque tribu élisait ses chefs : un **roi** ou koning, magistrat
suprême pendant la paix, désigné par sa naissance, et un here-
zoghe ou **dux** pour la guerre, désigné par sa valeur.
Indépendamment des chefs de la tribu, chaque guerrier re-
nommé se formait une troupe de compagnons ou **fidèles,** qui lui
restaient attachés à la vie et à la mort.
Mais la décision de toutes les affaires importantes et le droit
de justice étaient réservés à l'**assemblée** des hommes libres.
La terre était en commun, et chaque année les magistrats dis-
tribuaient à chaque famille le lot qu'elle devait cultiver.
Leurs principales **divinités** étaient la Terre, mère de toutes
choses, le Soleil, la Lune et le dieu de la guerre ou Odin.

2° *Race slave.*

La race slave ne paraît dans l'histoire que beaucoup plus tard, vers le xᵉ siècle. Elle s'étendait **de la Vistule aux sources du Volga.**

Ses principaux peuples étaient les *Serbes,* les *Croates,* les *Bohèmes,* les *Moraves,* les *Polonais* et les *Prussiens.*

3° *Race tartare.*

La race tartare ou scythique, la plus effrayante de toutes par son aspect et ses mœurs sauvages, occupait les vastes plaines qui s'étendent du Volga à l'extrémité orientale de l'Asie.

Les plus fameux parmi ces fléaux du genre humain sont les *Huns,* les *Avares,* les *Bulgares,* les *Mongols* et les *Turcs.*

DEUXIÈME QUESTION.

L'invasion germanique; chute de l'empire romain d'Occident.

376 — 476

1° *Les Wisigoths : Alaric,*

La première grande invasion fut celle des Wisigoths. Poussés par les Huns, qui s'ébranlaient sur l'Europe, ils **franchirent le Danube** en 376.

L'empereur d'Orient, Valens, est battu et tué à **Andrinople** (378).

Théodose le Grand, son successeur, rétablit la paix dans l'empire en prenant les barbares à sa solde. La mort de Gratien et de Valentinien II, empereurs d'Occident, réunit un instant dans sa main les deux empires.

Après lui ils sont de nouveau séparés et pour toujours (395). **Ses deux fils Arcadius et Honorius** règnent, le premier en Orient sous la tutelle de Rufin, le second en Occident sous la tutelle du Vandale **Stilicon.**

Les Wisigoths reprennent alors leurs invasions sous la conduite d'**Alaric**.

Ils vont piller la **Grèce**.

Arrachés à leur proie par Stilicon, ils se vengent sur l'**Italie** ; Alaric poursuit l'empereur Honorius jusque dans **Asti** ; Stilicon l'arrête encore par les victoires de **Pollentia** et de Vérone, et le refoule pour quelques années en Illyrie.

Pendant ce temps, **deux nouvelles bandes** de barbares, Vandales, Suèves, Bourguignons, se précipitaient sur l'Italie et sur la Gaule.

La première, sous la conduite de **Radagaise**, fut détruite par Stilicon devant Florence.

La seconde franchit le Rhin le 31 décembre 406, **pilla la Gaule** ; les Bourguignons y fondèrent un royaume dans les bassins de la Saône et du Rhône ; les Vandales et les Suèves allèrent jusqu'en Espagne.

Après l'assassinat de Stilicon, lâchement sacrifié par Honorius à la jalousie de ses courtisans, **Alaric revient en Italie.**

Il s'empare de **Rome**, qu'il livre au pillage (410).

Il se préparait à passer en Sicile, de là en Afrique, quand il fut arrêté par la **mort à Cosenza** (414).

Son frère **Ataulf** traite avec Honorius, épouse même sa sœur Placidie, et reçoit pour sa nation des terres dans la Gaule méridionale ; il y fonde un **royaume des Wisigoths** qui s'étendit bientôt sur toute l'Espagne, et dont Toulouse fut la capitale.

2° *Les Vandales : Genséric* (429).

A la mort d'Honorius, son neveu **Valentinien III** lui succéda et vécut presque tout son règne sous la tutelle de sa mère **Placidie**. La rivalité de deux officiers de l'empire, **Boniface et Aétius**, livra l'Afrique aux barbares.

Boniface, gouverneur d'Afrique, pour se venger de sa disgrâce, appela les Vandales d'Espagne avec Genséric.

Revenu à son devoir, il voulut en vain les arrêter dans leur conquête, et soutint, dans **Hippone**, un siége mémorable pendant lequel mourut l'évêque **saint Augustin**.

Genséric s'empara de **Carthage** et en fit la **capitale** d'un royaume qui dura un siècle. Les Vandales étendirent bientôt leur domination maritime et leurs pirateries sur toute la Méditerranée.

3° *Les Huns : Attila (451-453).*

La plus terrible de ces invasions fut celle des Huns avec **Attila**, surnommé **le fléau de Dieu**. Peuple de race tartare, établis depuis la fin du IVe siècle à la place des Goths sur le Danube, ils avaient dévasté l'empire d'Orient et imposé un tribut à Théodose II, fils d'Arcadius. La fermeté de son successeur Marcien détermina peut-être Attila à se jeter sur l'empire d'Occident.

Il envahit d'abord **la Gaule,** traînant à sa suite 600,000 barbares et ne laissant que des ruines sur son passage.

Arrêté devant **Orléans** par le courage des habitants et de leur évêque saint Aignan, il se retire dans les vastes plaines de **Châlons-sur-Marne**, où il est vaincu par Aétius à la tête des légions romaines et des peuples barbares déjà établis dans la Gaule. Le roi des Wisigoths, Théodoric, périt au milieu de cet effroyable carnage (451). Attila rentre en Germanie, poursuivi par le chef franc Mérovée.

L'année suivante **il se jette sur l'Italie**, détruit **Aquilée** et marche sur Rome, qui est sauvée par l'ambassade du pape **Léon le Grand** et l'approche d'Aétius.

Il meurt à son retour dans son village royal de Hongrie, et l'empire des Huns est dissous (453).

4° *Chute de l'empire d'Occident (476).*

Aétius, qui avait deux fois sauvé l'empire, eut le même sort que Stilicon, il périt de la main même de **Valentinien III**. Celui-ci à son tour fut **assassiné**; sa veuve, pour le venger, appela le roi des Vandales, Genséric. **Rome fut**

pillée pendant quatorze jours avec une barbarie qui a laissé dans l'histoire le nom de **vandalisme** (455).

Depuis la mort de Valentinien III, le trône est à la merci des chefs des troupes barbares au service de l'empire, **Ricimer**, puis **Oreste**. Ils y font passer des empereurs d'un jour.

Oreste y place son propre fils, un enfant de dix ans, **Romulus Augustulus**; les autres chefs barbares se soulèvent contre lui, et l'un d'eux, **Odoacre,** roi des Hérules, après avoir relégué ce dernier héritier des Césars dans une villa de Campanie, prend le titre de **roi d'Italie.**

Ainsi finit l'empire d'Occident (476); toutes les provinces étaient depuis longtemps au pouvoir des barbares : l'Afrique aux Vandales, l'Espagne et le midi de la Gaule aux Wisigoths, la Gaule orientale aux Bourguignons, les Francs s'avançaient par le nord, et les Bretons, redevenus indépendants depuis le règne d'Honorius, se voyaient déjà envahis par les Saxons.

TROISIÈME QUESTION.

États fondés par les barbares au ve et au vi^e siècle. — Justinien : tentative de restauration de l'empire romain.

Les Wisigoths, les Bourguignons et les Vandales s'étaient établis dans l'empire romain dès le commencement du ve siècle. Nous allons voir un **second ban de barbares** fonder de nouveaux royaumes, savoir : les Francs, dont l'histoire mérite une place à part, les Ostrogoths, les Lombards et les Anglo-Saxons.

1° *Théodoric et les Ostrogoths en Italie. — Tentative faite par Justinien pour reconstituer l'empire romain.*

Les Ostrogoths établis dans la Pannonie après la dissolution de l'empire d'Attila, en sortent en 489 sous un chef nommé **Théodoric** et enlèvent l'Italie à Odoacre.

La domination de Théodoric s'étendit bientôt au delà de l'Italie jusqu'au Danube et jusqu'au Rhône.

Il mérita parmi ces rois barbares le titre de Grand, moins encore par ses conquêtes que par la sagesse et la modération de **son gouvernement**, dans lequel il fut aidé par **Cassiodore** et le philosophe Boèce.

Il donna le tiers des terres à ses guerriers, qui devaient conserver leurs armes, leur langue, sans se mêler aux vaincus; à ces derniers il réserva les fonctions civiles et les arts de la paix.

Malgré ces efforts pour rendre à l'Italie la prospérité, les Romains ne pouvaient se résigner à la domination d'un roi barbare et hérétique : des complots se formèrent; **Boèce** lui-même se trouva compromis, et il périt d'une mort cruelle dans la tour de Pavie.

Théodoric mourut en 526, et la monarchie qu'il avait fondée ne devait pas longtemps lui survivre.

L'année suivante (527), l'empereur **Justinien** arrivait au trône d'Orient, et, faisant trêve un instant aux querelles religieuses qui avaient absorbé ses prédécesseurs, il forma le projet de **reconstituer l'empire romain** en chassant les barbares. Il le réalisa en partie, favorisé par la décadence rapide de ces races du Nord, secondé par le génie militaire de Bélisaire et de Narsès.

Bélisaire, après une guerre glorieuse en Asie contre les Perses, **conquit l'Afrique** sur le roi des Vandales, Gélimer; puis, sous le prétexte de venger la fille de Théodoric, Amalasonthe, assassinée par son mari, **il envahit l'Italie**, et fait prisonnier dans Ravenne le roi des Ostrogoths, Vitigès.

Desservi à la cour de Justinien par l'envie, il laisse à **Narsès** la gloire de **terminer sa conquête** par les victoires de Lentagio et de Cumes sur les derniers rois, Totila et Teias (554).

Justinien avait ajouté ainsi à l'empire d'Orient l'Afrique, l'Italie et les îles de la Méditerranée; mais ces conquêtes furent passagères, c'est à ses **travaux législatifs** qu'il doit la plus grande gloire de son règne. Il confia au jurisconsulte Tribonien la rédaction de quatre recueils des lois et de la jurisprudence romaines : le Code, les Institutes, le Digeste ou Pandectes et les Novelles.

2° *Les Lombards en Italie* (568-774).

L'Italie ne resta pas longtemps à l'empire grec : **Narsès**, outragé par l'impératrice Sophie, femme de Justin II, y **appela les Lombards.**

Ces barbares, sous la conduite d'**Alboin**, s'établirent d'abord dans l'Italie septentrionale qui a conservé le nom de Lombardie, avec Pavie pour capitale (568).

Alboin périt assassiné par sa femme Rosamonde, et après la mort de **Cleph**, son successeur, les trente-six **ducs lombards** entre lesquels, suivant la coutume germanique, avait été partagée la conquête, laissèrent le trône vacant pour régner chacun sur leurs domaines.

Autharis, fils de Cleph, rétablit la royauté et conquit l'Italie méridionale, dont il fit le duché de Bénévent.

Sa veuve Théodelinde éleva au trône **Agilulfe** en lui donnant sa main. Sous leur règne, et par leurs efforts unis à ceux du pape saint Grégoire, les **Lombards**, qui étaient ariens, **se convertirent** au catholicisme (602).

En 643, le roi **Rotharis** fit rédiger la loi des Lombards.

La conquête recommença sous **Luitprand** et **Astolphe**, contemporains de Charles Martel et de Pépin le Bref, qui enlevèrent aux Grecs ce qui leur restait dans l'Italie centrale ou l'exarchat de Ravenne, et menacèrent le pape dans Rome.

La monarchie des Lombards finit sous les coups de Charlemagne, avec **Didier**, fils d'Astolphe, en 774.

3° *Les Anglo-Saxons dans la Grande-Bretagne* (455-584).

Les Bretons, si difficilement soumis par les Romains, avaient été rendus à la liberté par le rappel des légions sous le règne d'Honorius; mais affaiblis par la discorde et incapables de se défendre **contre les ravages des Calédoniens** (Pictes et Scots) du nord de leur île, ils **appelèrent à leur secours des pirates saxons.**

Ceux-ci, sous la conduite d'un chef nommé Hengist, se payèrent de leurs services en s'emparant du pays entre la Tamise et la Manche, où ils fondèrent le **royaume de Kent** avec Cantorbéry pour capitale (455).

D'autres chefs saxons fondèrent successivement : sur la Manche, les royaumes de **Sussex** et de **Wessex**; sur la Tamise, le royaume d'**Essex** qui eut pour capitale Londres (526).

Arrivèrent ensuite **les Angles**, petit peuple voisin des Saxons, qui formèrent trois royaumes : **Northumberland, Estanglie** et **Mercie** (547-574).

Les Bretons, sous la conduite d'**Arthur**, leur héros national, avaient pu maintenir leur indépendance dans le pays de Galles.

Ce fut pour défendre contre eux leur conquête que les Saxons et les Angles réunirent les sept royaumes en une confédération connue sous le nom d'**Heptarchie anglo-saxonne**.

Le christianisme fut porté chez les Saxons, sous le pontificat de saint Grégoire, par le moine Augustin, qui fonda l'**archevêché de Cantorbéry** en 597.

QUATRIÈME QUESTION.

Grandeur des Francs Mérovingiens.

481-638.

Les Francs étaient une confédération de tribus germaniques établies sur la rive droite **du Rhin** depuis le Mein jusqu'**au Weser**. Les différentes tribus de la confédération finirent par se fondre en deux tribus principales, les **Saliens** et les **Ripuaires**.

Les Francs étaient remarquables parmi les autres peuples germains par leur bravoure aventureuse et farouche.

Leurs premières invasions dans la Gaule commencèrent vers l'an 240 ; un siècle après, en 342, le césar Julien prit le parti d'établir des **tribus saliennes sur** les bords de **la Meuse**. Elles furent les défenseurs fidèles, mais impuissants, de la frontière de l'empire dans la grande invasion de 406.

En 428, les Francs reprirent leur marche sur la Gaule, ouverte aux barbares. Sous leurs **premiers chefs** connus, Clodion, Mérovée, Childéric, ils s'avancèrent **jusqu'à la Somme**.

1° Clovis et ses fils : Conquête de la Gaule (481-561).

A la mort de Childéric, en 481, son fils **Clovis** fut proclamé par la plupart des tribus saliennes établies entre la Meuse et la Somme.

La Gaule était partagée alors entre les Wisigoths, les Bourguignons et les populations gallo-romaines du bassin de la Seine, que la chute de l'empire d'Occident laissait indépendantes.

Par la victoire de **Soissons** sur Syagrius, roi des Gallo-Romains, Clovis s'avance jusqu'à la Loire (486). Son mariage avec Clotilde, princesse catholique, fille d'un roi des Bourguignons, favorise encore ses progrès.

Par la victoire de **Tolbiac**, il repousse les Allemands qui marchaient aussi à la conquête de la Gaule (496). A la suite de cette bataille, il se fait baptiser à Reims par saint Remi ; sa conversion lui assure l'appui du clergé et des Gallo-Romains contre les Bourguignons et les Wisigoths, qui étaient ariens.

Par la victoire de **Vouglé** sur Alaric II, roi des Wisigoths, toute la Gaule méridionale est conquise depuis la Loire jusqu'aux Cévennes (507).

Clovis fait assassiner les chefs des petites tribus franques de Cologne, de Cambrai, du Mans, et étend ainsi sa domination sur tous les Francs établis dans la Gaule.

Il mourut à Paris en 511.

Ses quatre fils se partagèrent ses domaines et son pouvoir : Thierry fut roi de Metz ; Clodomir, d'Orléans ; Childebert, de Paris ; Clotaire, de Soissons. Ils **achevèrent la conquête** de la Gaule.

Clotaire, Clodomir et Childebert, excités par leur mère Clotilde, s'emparèrent de la **Bourgogne** sur les fils de Gondebaud (524-534). (Meurtre des enfants de Clodomir.)

Sous le fils et le petit-fils de Thierry, les Francs orientaux, avec l'esprit d'aventure particulier à leur nation, firent deux **expéditions en Italie**. Dans la dernière, en 553, leur armée fut complétement détruite par le général grec Narsès.

La monarchie franque se trouva **réunie** tout entière pendant trois ans entre les mains de **Clotaire Ier**, qui mourut en 561.

2° Les fils et les petits-fils de Clotaire Ier : Frédégonde et Brunehaut. — Première lutte entre la Neustrie et l'Austrasie (561-628).

Clotaire Ier laissait aussi **quatre fils :** Sigebert régna sur l'Austrasie, Chilpéric sur la Neustrie, Gontran sur la Bourgogne, Caribert sur l'Aquitaine.

L'histoire des fils et des petits-fils de Clotaire Ier est remplie par la **première lutte de la Neustrie et de l'Austrasie** dont les causes principales sont : la prétention commune des Neustriens et des Austrasiens à la suprématie, et l'opposition de caractères qui s'était formée entre ces deux grandes tribus franques, salienne et ripuaire.

La guerre fut provoquée par la rivalité de deux femmes : **Frédégonde,** épouse de Chilpéric, **et Brunehaut,** fille d'un roi des Wisigoths d'Espagne, épouse de Sigebert.

Les crimes de Frédégonde (**meurtre de Sigebert** devant Tournai, 575, **assassinat de Chilpéric,** 585), mettent le pouvoir entre les mains des deux rivales pendant la minorité de leurs fils, Childebert II en Austrasie, et Clotaire II en Neustrie.

Se sentant menacé aussi par Frédégonde, Gontran fit alliance avec son neveu Childebert II par le **traité d'Andelot,** qui devait réunir après sa mort la Bourgogne à l'Austrasie, et qui garantissait aux leudes l'inamovibilité des bénéfices (587).

Cependant Frédégonde mourut sans avoir pu assouvir sa haine. **Brunehaut gouverna** pendant près d'**un demi-siècle l'Austrasie** comme femme, mère, aïeule et bisaïeule de ses rois. Mais elle essaya vainement d'y introduire la civilisation et les principes de la monarchie romaine. Les leudes irrités la livrèrent au fils de sa rivale, qui la fit périr en l'attachant à la queue d'un cheval indompté (613).

Clotaire II, roi de Neustrie, réunit alors tout l'empire franc.

3° Dagobert Ier : Éclat de la monarchie franque (628-638).

Dagobert lui succéda en 628. On l'a surnommé **le Salomon des Francs ;** son règne est en effet l'apogée de la puissance et de la splendeur de la monarchie mérovingienne dont la prépondérance s'étend sur tout le monde barbare de l'Occident.

Les Francs sont arrivés à un certain degré de culture intellectuelle, les arts de luxe même sont en honneur. **Saint Éloi** dut à son talent d'orfèvre la faveur royale et l'évêché de Noyon.

C'est Dagobert qui a fondé l'abbaye de **Saint-Denis.**

4° *Mœurs et institutions apportées dans la Gaule par les Germains.*

Les institutions sociales et politiques des Germains furent rapidement modifiées après leur établissement dans la Gaule, sous l'influence : 1° du partage même de la conquête qui rendait les barbares propriétaires ; 2° du contact des barbares avec la société romaine ; 3° de leur conversion au christianisme.

État des terres.

Après le partage de la conquête, on distingue chez les Barbares **deux natures de propriété.**

1° **L'alleu** (al-od, toute propriété), ou la terre échue au guerrier par le sort, et qui n'était soumise à aucune redevance, à aucune obligation ;

2° **Le bénéfice**, ou la terre donnée par un des chefs de la conquête à un guerrier, mais sous certaines conditions.

Révocables dans le principe, les bénéfices devinrent inamovibles par le traité d'Andelot, en 587, et par cela même héréditaires.

État des personnes.

La propriété, élément nouveau dans la vie des Germains, changea naturellement la condition des personnes. On trouve chez les barbares établis dans la Gaule **deux classes** bien distinctes :

1° **Les leudes**, ou antrustions, ou bénéficiers, formant une aristocratie territoriale et héréditaire ;

2° **Les hommes libres,** ou simples guerriers.

Gouvernement des barbares.

La conquête modifia non moins profondément le gouvernement et la législation des barbares aux dépens de leurs libertés.

La tribu s'étant dispersée, les **assemblées** nationales devinrent plus difficiles et **plus rares.**

Le commandement militaire des rois se transforma en une **véritable royauté** avec des institutions presque romaines, en même temps que l'aristocratie mobile des chefs de bandes devint l'**aristocratie** territoriale et héréditaire **des leudes.**

Législation des barbares.

Avant la conquête, les barbares n'avaient pas de lois écrites ; mais devenus propriétaires et sous l'influence des institutions romaines, ils durent modifier leurs lois, les augmenter, et alors ils les rédigèrent en **codes :**

La loi salique sous Clovis, puis sous Dagobert ;
La loi ripuaire sous Thierry Ier ;
La loi des Bourguignons, ou loi Gombette, sous Gondebaud, vers l'an 500 ;
La loi des Wisigoths, sous Euric, à la fin du ve siècle.

Dans les lois barbares on trouve plus ou moins l'élément romain, mais elles ont toutes des **caractères généraux** qui établissent entre elles et la législation romaine des différences fondamentales :

1° Leur pénalité a pour base la **loi du talion**, ou de la vengeance personnelle ;
2° Elles admettent toutes la composition pécuniaire ou le **wehrgeld ;**
3° Elles reconnaissent à l'homme libre le **droit d'être jugé par** ses égaux ou **ses pairs.**

Décadence des Francs Mérovingiens.

638-752.

1° Les rois fainéants; les maires du palais. — Seconde lutte entre la Neustrie et l'Austrasie: bataille de Testry : Pepin d'Héristal (638-714).

La période des **rois fainéants** commence avec les fils de Dagobert, Clovis II et Sigebert II. Dès lors, le pouvoir est exercé par les **Maires du Palais**.

D'abord simples intendants des domaines du roi et chefs de ses leudes, les maires du palais deviennent, par suite de la décadence de la race mérovingienne, les véritables représentants de la royauté jusqu'à ce qu'ils usurpent le titre même de roi, avec Pepin le Bref.

Les principaux maires du palais furent : en Neustrie, Ebroïn ; en Bourgogne, Saint-Léger ; en Austrasie, Pepin de Landen et ses petits-fils Pepin d'Héristal et Martin, que les leudes, après avoir poignardé leur roi Dagobert II, avaient choisis pour ducs ou chefs militaires. Ces noms personnifient la **seconde lutte de la Neustrie et de l'Austrasie.**

Ebroïn, maire de Neustrie sous les fils de Clovis II, poursuivit avec génie deux grands desseins : 1° rétablir l'unité de la monarchie franque au profit de son pays; 2° restaurer l'autorité royale au profit des maires du palais, en brisant l'aristocratie héréditaire des leudes.

Il triomphe d'abord de **saint Léger**, évêque d'Autun, puis des ducs austrasiens à Latafao, mais il est assassiné par un leude (684).

Son successeur, Berthaire, est battu par **Pepin d'Héristal** à **Testry,** journée mémorable qui assure à la fois la victoire de l'Austrasie sur la Neustrie et de l'aristocratie des leudes sur la monarchie mérovingienne (687). C'est de Testry aussi que date la grandeur de la famille d'Héristal ou Carlovingienne.

Chef militaire des Francs, Pepin entreprend par l'épée et par l'Évangile la **soumission des peuples** barbares **de la Germanie** (Frisons, Allemands, etc.).

2° *Charles Martel; bataille de Poitiers. — Avénement de Pepin le Bref (714-752).*

La mort de Pepin d'Héristal fut le signal d'une révolte de tous les peuples soumis à la domination de l'Austrasie, depuis les Neustriens et les Aquitains jusqu'aux Frisons et aux Saxons. Les Austrasiens proclament alors pour duc un fils naturel de Pepin d'Héristal, **Charles Martel.**

Il bat les Neustriens à **Vincy** et à **Soissons**, 717 et 719, malgré leur alliance avec le duc des Aquitains.

Il comprime et refoule les Germains par des expéditions annuelles au delà du Rhin.

Mais le plus fameux de ses exploits, celui qui lui a valu le surnom de Martel, c'est sa victoire sur les Arabes, qui, maîtres de l'Espagne, avaient franchi les Pyrénées et s'avançaient déjà jusqu'à la Loire. Il les arrête à **Poitiers**, et sauve ainsi l'Occident et la civilisation chrétienne (732).

Son fils, **Pepin le Bref**, se sent assez fort pour en finir avec la dynastie mérovingienne; il fait rentrer dans le cloître le dernier descendant de Clovis, Childéric III, et avec l'appui de l'Église et des leudes, il **prend le titre de roi en 752.**

N° III.

L'invasion arabe; grandeur et chute de l'empire des khalifes.

PREMIÈRE QUESTION.

L'invasion arabe.

1° *Mahomet : le Coran.*

Les Arabes, divisés en plusieurs nations de diverses religions, ne comptent pas dans l'histoire jusqu'au viie siècle.

où Mahomet les réunit sous une même loi religieuse et politique et en fait un peuple de conquérants.

Mahomet naquit à la Mecque, **en 570**, de la tribu des Koréischites, à laquelle était confié le culte du temple de la Caaba aux 360 idoles; c'est là que tous les Arabes venaient adorer le tombeau d'Abraham.

Orphelin et sans fortune, il fut pendant sa jeunesse conducteur de caravanes jusqu'à son mariage avec une riche veuve, nommée **Khadidjah**.

A quarante ans seulement il commença à prêcher sa doctrine; menacé par les prêtres de la Mecque, il s'enfuit avec quelques disciples à Yatreb, qu'on appela depuis Médine ou la ville du Prophète. C'est cette date de l'**hégire** (**622**) ou de la fuite qui sert de point de départ à l'ère des musulmans.

Quelques années après, vainqueur des Koréischites dans la **guerre des nations** ou du Fossé, **Mahomet rentra dans la Mecque** et conquit par la parole et par les armes, toute l'Arabie. Il mourut à Médine en 632.

Sa doctrine fut recueillie par son beau-père, Abou-Bekre, sous le nom de Coran ou livre. **Le Coran** est à la fois le code religieux et civil de tout vrai croyant.

Ses principaux **dogmes** sont : l'unité de Dieu, l'immortalité de l'âme et la prédestination, croyance qui a eu la plus grande influence sur la destinée des peuples musulmans.

Les principaux **préceptes** sont : la prière cinq fois par jour, les ablutions, le jeûne du Rhamadan, l'aumône, l'abstinence de certaines viandes et des liqueurs fermentées.

2° Conquêtes des Arabes sous les quatre premiers khalifes et sous les khalifes ommiades (632-750).

Les quatre premiers khalifes ou vicaires du prophète, Abou-Bekre, Omar, Othman et Ali, font la **conquête de la Syrie** et de l'**Égypte** sur l'empire grec, **de la Perse** sur la dynastie des Sassanides (632-660).

Après avoir fait assassiner Ali, le gouverneur de Syrie

Moawiah prend le titre de khalife et fonde la **dynastie des Ommiades**, dont la capitale fut Damas (660).

Les Ommiades continuent les conquêtes et la propagation de l'islamisme. **Ils s'emparent de l'Afrique** septentrionale par la soumission des Berbers et des Mores (698).

L'émir d'Afrique Musa et son lieutenant Tarek font la **conquête de l'Espagne** sur les Wisigoths après la bataille de **Xérès** (711).

Les Arabes alors **envahissent la Gaule**, s'établissent dans la Septimanie; mais ils sont arrêtés par Charles Martel (732).

En Orient ils s'étaient avancés **jusqu'aux bords de l'Indus**, et avaient porté leur religion à travers le Turkestan jusqu'aux frontières de l'empire chinois.

Ils échouèrent cependant dans toutes leurs entreprises **contre Constantinople**, repoussés par le feu grégeois.

DEUXIÈME QUESTION.

Grandeur et chute de l'empire des khalifes.

750-1058.

1° Grandeur de l'empire des khalifes sous les premiers Abbassides. — Éclat de la civilisation arabe.

Les Ommiades corrompus et méprisés sont massacrés dans un festin par Aboul-Abbas le sanguinaire, qui fonde la **dynastie des khalifes Abbassides** (750). Abd-er-Rhaman, échappé seul au massacre des siens, établit en Espagne le **khalifat Ommiade de Cordoue (755).**

Les Arabes étaient arrivés alors au plus haut degré de **puissance** et de **civilisation.**

Leur empire s'étendait du centre de l'Asie jusqu'à l'océan Atlantique par l'Espagne et la Mauritanie.

Les premiers khalifes abbassides, surtout **Almanzor** qui construisit Bagdad, **Haroun-al-Raschid**, **Al-Mamoun** se distinguèrent par la magnificence de leur cour et la protection qu'ils donnèrent aux sciences et aux arts.

Les philosophes arabes, dont le plus célèbre est **Avicenne,**

étudiaient Aristote; leurs savants commentaient Euclide, Archimède, mesuraient, au ^{e} siècle, un degré du méridien; de grands **médecins**, tels qu'**Averroès**, ajoutaient à la science d'Hippocrate et de Galien.

L'Europe chrétienne doit aux Arabes la connaissance du papier de linge, de la **boussole**, de la **poudre à canon** et de l'**alcool**.

L'Espagne aussi ne fut jamais plus **prospère** par l'industrie et l'agriculture. Ses terres arides furent rendues fertiles par un habile système d'irrigation.

La magnificence de l'**architecture** arabe, imitée au ^{e} siècle par l'art chrétien, est encore admirée aujourd'hui dans les ruines de l'**Alhambra** de Grenade et de la mosquée de Cordoue.

2° *Chute de l'empire des khalifes.*

L'époque même de la plus haute splendeur de l'empire arabe voit commencer son démembrement et sa décadence.

En 755, la fondation du **khalifat Ommiade de Cordoue** avait enlevé l'Espagne à la domination des Abbassides.

On voit se former successivement :

Le royaume de Fez, ou de Maroc (789) ;

Le royaume de Tunis, ou de Kaïroan (800) ;

Le khalifat d'Égypte, ou du Caire, avec la dynastie des Fatimites (968) ;

Dans les provinces orientales, la **dynastie des Gaznévides** (997).

Les khalifes de Bagdad, menacés sur les débris de leur empire par des hordes de Turcomans sorties de la Tartarie, se mettent sous leur protection et abandonnent la puissance temporelle à leur chef Togrul Beg, fils de Seldjouk, qui fonde dans l'Asie occidentale l'**empire turc seldjoucide** (1058).

Les khalifes conservent encore pendant deux siècles leur autorité spirituelle jusqu'en 1258, où le dernier descendant des Abbassides disparaît dans le **sac de Bagdad par les Mongols**, sous le petit-fils de Gengis Khan.

N° IV.

L'empire carlovingien ou tentative pour unir l'Europe germanique
et chrétienne.

PREMIÈRE QUESTION.

Avénement de la dynastie carlovingienne : Pepin le Bref. — Fondation de la puissance temporelle des papes.

752-768.

Pepin le Bref, après avoir pris le titre de roi, **se fait sacrer** par saint Boniface, évêque de Mayence, puis par le pape Étienne II. Cette alliance de la dynastie carlovingienne avec l'Église valut aux papes leur puissance temporelle.

Étienne II était venu implorer la protection du nouveau roi des Francs contre le roi des Lombards **Astolphe,** qui menaçait Rome.

Par deux expéditions successives en Italie, Pepin le Bref force Astolphe à abandonner l'exarchat de Ravenne et la Pentapole dont il fait donation au pape, et ainsi fut formé, par la réunion de ces provinces au duché de Rome, le **domaine temporel de la papauté** (755,.

Le reste du règne de Pepin le Bref fut occupé à rattacher le midi de la Gaule à la domination des Francs (**conquête de la Septimanie** sur les Arabes, **guerre d'Aquitaine**), ou à combattre les Germains.

DEUXIÈME QUESTION.

Charlemagne ou tentative pour unir l'Europe germanique et chrétienne.

768-814.

Pepin le Bref avait partagé son royaume entre ses deux fils, Charles et Carloman, mais bientôt, à la mort de ce dernier, Charles régna seul. La grandeur et l'éclat de son règne l'ont fait nommer Charlemagne : **réunir en un même empire l'Europe germanique et chrétienne** pour l'opposer aux barbares de l'est et du midi, tel fut en effet le but glorieux de ses guerres et de ses institutions.

1° *Guerres de Charlemagne.*

Après avoir assuré la soumission de l'Aquitaine, il s'engagea dans la **guerre de Saxe**, qui devait durer plus de trente années et compter 18 expéditions (772-803).

Établis dans les bassins du Weser et de l'Elbe, les Saxons étaient de même race que les Francs ; mais voisins les uns des autres, par cela même rivaux et ennemis, leur haine s'était encore accrue par la différence que la conquête et la religion avaient établie dans leurs mœurs.

Les principaux faits de cette guerre terrible sont la destruction du monument d'Arminius ou Hermann Saüle (772), la création de **huit évêchés** au milieu de la Saxe et le **massacre de Verden** (782).

Désespérant enfin de sauver l'indépendance de son pays, le chef opiniâtre des Saxons, **Witikind**, vient recevoir le baptême **à Attigny** (785).

Mais la Saxe ne fut définitivement soumise que par la dépopulation (Capitulaire de Salz, 803).

Maître de la Germanie, Charlemagne se trouvait en présence des barbares de l'Est, **les Slaves et les Avares**, qu'il finit par soumettre à un tribut (796).

Il avait été plus d'une fois interrompu dans la guerre de Saxe, d'abord par la **conquête de l'Italie** ou du royaume des Lombards sur Didier, en 774, puis par la **guerre d'Espagne** contre le khalife ommiade de Cordoue.

Il soumit la marche d'Espagne des Pyrénées jusqu'à l'Èbre, mais au retour son armée, commandée par le fameux Rolland, fut détruite par les populations du pays dans les défilés de **Roncevaux** (776).

Son empire, plus vaste que l'ancien empire d'Occident, **comprenait** *la Gaule* tout entière, *la Germanie, l'Italie septentrionale et centrale, l'Espagne jusqu'à l'Èbre.*

Restaurateur de l'unité impériale au profit de la race franque, Charlemagne reçut à Rome, l'an 800, du pape Léon III, **la couronne des Césars.**

Tous les peuples, tous les princes s'inclinaient devant sa puissance ; le khalife de Bagdad, Haroun-al-Raschid, lui envoyait des présents.

Il mourut en 814, dans son palais d'Aix-la-Chapelle.

2° Gouvernement de Charlemagne. — Restauration des études.

Le gouvernement de Charlemagne était **absolu**, il avait conservé cependant les formes des anciennes libertés de la nation : ses **capitulaires** étaient présentés à l'approbation de l'assemblée des guerriers ou **Champ de mai.**

Il divisa son empire en **comtés et en duchés** soumis à l'inspection des **missi dominici.**

Il fut, comme son père, le **protecteur de l'Église** ; il accorda aux évêques une grande influence dans le gouvernement, mais pour cela même il s'efforça de rétablir dans le clergé l'ordre et la règle.

Il ajouta à sa gloire militaire et politique celle de relever **les lettres et les sciences** et de faire sortir l'Europe de la barbarie dans laquelle elle était plongée.

Il fit rouvrir les **écoles ecclésiastiques**, il établit au milieu de sa cour, au sommet de cet enseignement, la fameuse **École du Palais.**

Il avait attiré autour de lui, de tous les pays, les hommes les plus remarquables par leur science et leurs lumières : **Alcuin** d'York ; **Éginhard**, son secrétaire et son historien.

Mais cette tentative d'organiser et de civiliser l'Europe fut passagère comme le règne de Charlemagne ; **après lui** tout retomba dans le désordre et **la barbarie.**

N° V.

Chute de l'empire carlovingien ; les nouveaux barbares Normands,
Sarrasins et Hongrois.

PREMIÈRE QUESTION.

Louis le Débonnaire. — Guerres civiles. — Bataille de Fontanet. — Traité de Verdun ; premier démembrement de l'empire.

814-843.

Les **causes** principales de la décadence et **de la chute**
de l'empire carlovingien sont :

1° **La faiblesse des successeurs de Charlemagne**, qui ne
peuvent rien contre la révolte des peuples et l'insubordination
des seigneurs ;

2° **Les invasions des barbares** Normands, Sarrasins, Hongrois.

Louis le débonnaire, qui succéda à son père Charlemagne en 814, était le moins capable de maintenir son
œuvre.

Il partagea lui-même **l'empire entre ses trois fils :** Lothaire,
Pepin et Louis le Germanique. La naissance d'un quatrième fils,
Charles le Chauve, provoqua leurs **révoltes.**

Deux fois Louis le Débonnaire fut déposé, puis rétabli, et la
dignité impériale était ainsi avilie par ceux mêmes qui devaient
en hériter.

Il mourut à Mayence en allant combattre une troisième révolte de Louis le Germanique (840).

Il laissait la **guerre civile entre ses enfants.** Louis le Germanique et Charles le Chauve réunis furent vainqueurs de Lothaire
à **Fontanet** en Bourgogne (841).

Les invasions des Normands les réconcilièrent ; par le **traité
de Verdun** ils se partagèrent l'empire : Louis eut la Germanie
jusqu'au Rhin ; Lothaire, le titre d'empereur avec l'Italie et la

France orientale; Charles le Chauve, la France occidentale ou la France romane (843).

DEUXIÈME QUESTION.

Les nouveaux barbares : Normands en Gaule et en Angleterre, Sarrasins, Hongrois.

Tandis que les descendants de Charlemagne se disputaient son empire, il était en proie aux invasions des nouveaux barbares normands, sarrasins, hongrois, plus avides de faire du butin que de conquérir des royaumes.

Les Normands ou hommes du Nord, venaient de la Scandinavie et des îles de la Baltique. Ils avaient commencé à paraître **en Gaule** en même temps que dans la Grande-Bretagne, dès la fin du règne de Charlemagne, et après la mort de ce grand homme, leurs invasions devinrent pour ainsi dire permanentes.

Sous la conduite de leurs rois de mer, montés sur de petites barques, ils pénétraient dans l'intérieur du pays par l'embouchure des fleuves; leurs **principales stations** étaient sur le Rhin, la Seine, la Loire et la Garonne.

Sur la Seine, ils pillèrent Rouen et le couvent de Jumiéges en 841, Paris en 845.

Sur la Loire, conduits par un chef nommé Hastings, ils arrivèrent jusqu'à Orléans. C'est en les combattant que **Robert le Fort,** premier ancêtre connu de Hugues Capet, commença l'illustration de sa famille; il fut tué à Brissarthe en 866.

Les Normands reparaissent **devant Paris en 885.** Mais cette fois les habitants soutiennent héroïquement un siége d'un an, ayant à leur tête leur évêque Gozlin et leur comte Eudes, fils de Robert le Fort.

Les invasions de ces barbares en Gaule ne finirent que par leur établissement dans le **duché de Normandie** sous le règne de Charles le Simple, **en 911.**

En Angleterre, ce fut aussi dans les premières années du IX⁰ siècle, que sous le nom de **Danois** ils commencèrent leurs ravages. **Alors finit l'heptarchie;** pour faire face au danger, le roi de Wessex, **Egbert le Grand**, réunit tous les royaumes sous sa domination (827).

Les invasions des Danois furent à peu près continuelles pendant deux siècles. Établis de bonne heure au nord de l'Humber, ils étaient même sur le point de s'emparer de toute l'Angleterre quand ils furent arrêtés et soumis par **Alfred le Grand**, qui fut à la fois le sauveur et le législateur de sa nation (871-901).

Cependant les Danois étaient restés nombreux en Angleterre, toujours prêts à donner la main à leurs frères qui venaient de la Scandinavie. Éthelred II en fit faire un massacre général en 1002, le jour de **la Saint-Brice**.

Ils furent bientôt vengés; **le roi de Dannemark, Suénon, s'empara de la couronne** d'Angleterre, et pendant trente ans les Danois furent les maîtres du pays (1013-1042).

Kanut le Grand, son fils, qui lui succéda sur le trône, fit de vains efforts pour réconcilier les vainqueurs et les vaincus.

Cet immense empire scandinave, qui comprenait toute l'Europe du nord, Angleterre, Danemark, Suède et Norvége, fut dissous après sa mort, et les Saxons ne tardèrent pas à rétablir la dynastie nationale dans la personne d'**Édouard le Confesseur**, fils d'Éthelred II, en 1042.

L'audace de ces aventuriers normands les conduisit jusqu'aux extrémités orientales de l'Europe, où un de leurs chefs, **Rurik**, jeta les fondements de l'**empire russe** (862) et jusqu'aux rivages de l'Amérique où ils découvrirent, à la fin du Xe siècle, **le Groënland et le Labrador**.

Dans cette seconde période des invasions barbares qui comprend le IXe et le Xe siècle, **aucune contrée** de l'Europe chrétienne ne fut **épargnée**.

Les côtes de la Méditerranée, l'Italie, la Provence étaient la proie des Arabes d'Afrique ou **Sarrasins**, établis dans les îles de Corse, de Sardaigne et de Sicile.

La Germanie et les provinces occidentales de la Gaule étaient encore plus cruellement dévastées par les **Hongrois**, peuple d'origine finnoise, qui s'était mêlé aux débris des Huns et des Avares sur les bords de la Theiss.

Nᵒ VI.

Démembrement de l'empire en royaumes et en fiefs; la féodalité.

PREMIÈRE QUESTION.

Démembrement de l'empire en royaumes; Charles le Gros. — Les derniers Carlovingiens et les ducs de France. — Fondation du duché de Normandie.

L'empire carlovingien, dissous par le traité de Verdun, fut **un instant reconstitué** après la mort de Charles le Chauve (877) : (son fils Louis le Bègue, ses petits-fils Louis III et Carloman ne firent que passer sur le trône); la France occidentale reconnut alors pour roi **Charles le Gros,** fils de Louis le Germanique, empereur, roi de Germanie et d'Italie (885).

Paris, assiégé par les Normands, attendait de lui des secours : il ne parut que pour acheter la retraite des barbares. Sa lâcheté lui fit perdre toutes ses couronnes. Il fut déposé par les seigneurs allemands à la diète de Tribur, et **l'empire** de Charlemagne, **définitivement démembré, en 888,** forma sept royaumes, savoir :

1ᵒ *Germanie,* dont le roi fut un petit-fils de Louis le Germanique, Arnulf, duc de Carinthie;

2ᵒ *France occidentale,* qui **prit pour roi Eudes,** comte de Paris, fils de Robert le Fort, signalé lui-même par son courage dans la défense de Paris contre les Normands;

3ᵒ *Lorraine;*

4ᵒ *Bourgogne cisjurane;*

5ᵒ *Bourgogne transjurane;*

6ᵒ *Italie;*

7ᵒ *Navarre.*

La famille carlovingienne reparaît encore plus d'une fois sur le trône de France, d'abord **avec Charles**

le Simple, fils de Louis le Bègue, qui disputa le royaume
à Eudes et lui succéda en 898. C'est ce prince qui mit fin
aux invasions des Normands en Neustrie en abandonnant
à leur chef Rollon, par le **traité de Saint-Clair-sur-Epte,**
le duché de Normandie (911).

A part ce fait, l'histoire des derniers carlovingiens est
tout entière dans la **lutte** qu'ils ont à soutenir **contre les
ducs de France,** descendants de Robert le Fort, pour la
défense de leur couronne.

Charles le Simple, battu à Soissons par le frère d'Eudes,
Robert, meurt à Péronne, prisonnier du comte de Vermandois (929).

Robert avait trouvé la mort dans sa victoire ; **Hugues
le Grand,** son fils, plus jaloux d'agrandir ses domaines que du
titre de roi, donne la couronne à son beau-frère, **Raoul,** duc
de Bourgogne, puis à Louis d'Outremer, fils de Charles le
Simple (936).

Louis d'Outremer fait de vains efforts pour relever la
royauté. La dynastie carlovingienne finit avec son petit-fils,
Louis V, le Fainéant.

Hugues Capet, duc de France, fils de Hugues le
Grand, se fait sacrer dans l'assemblée de Noyon, par l'archevêque de Reims **(987).**

DEUXIÈME QUESTION.

Démembrement de l'empire en fiefs : la féodalité.

1° *Formation de la féodalité.*

La féodalité est le système politique et social qui régit
la plus grande partie de l'Europe : la France, l'Angleterre,
l'Allemagne et l'Italie, depuis le xe siècle jusqu'à la fin du
moyen âge. Le mot fief (*fe-od, récompense, propriété*) remplaça au ixe siècle celui de bénéfice.

La formation de la féodalité remonte en France à l'époque mérovingienne.

La plupart des petits fiefs avaient pour origine les bénéfices que le **traité d'Andelot**, en 587, rendit inamovibles.

Les grands fiefs se sont formés généralement des comtés et des duchés établis par Charlemagne, que **l'édit de Kiersy-sur-Oise**, en 877, déclara héréditaires.

Malgré les efforts des derniers Carlovingiens, l'indépendance des seigneurs féodaux est assurée à la fin du X⁰ siècle, et leur victoire sur la royauté, garantie par **l'avénement des Capétiens**.

2° Exposition du système féodal.

Un fief était à la fois une propriété et une souveraineté héréditaire dont le possesseur et le donateur étaient liés, à titre de **vassal** et de **suzerain**, par des devoirs et des droits réciproques.

Tous les feudataires formaient une hiérarchie guerrière qui partait du dernier baron pour s'élever de degré en degré jusqu'au roi.

A tous les degrés de la hiérarchie féodale, un serment solennel, **hommage et investiture**, renouvelé à chaque mutation du fief, engageait le vassal et le suzerain.

Les principaux **devoirs du vassal** étaient :

1° **Le service militaire** ou de l'ost, mais seulement pour quarante jours par année;

2° **Le service du plaid** ou l'obligation pour le vassal de se soumettre à la juridiction de son suzerain, et de l'assister toutes les fois qu'un de ses pairs comparaissait devant le tribunal féodal;

3° **Des services pécuniaires,** contribuer à la rançon du suzerain.

En échange, **le suzerain** était **tenu de protéger son vassal** et de lui garantir la possession de son fief.

Mais ces droits et ces devoirs respectifs n'existaient guère qu'en théorie ; le seul droit mis en pratique était le le droit de guerre ou le vieux droit germanique de se faire justice soi-même. Aussi nous ne voyons à l'époque féodale que des **guerres sans fin**, de vassal à suzerain, de vassaux à vassaux, et le peuple est la victime perpétuelle de ces discordes et des exactions des seigneurs.

Le roi, jusqu'au XIIe siècle, n'est que le **chef nominal** de la féodalité.

La seule **autorité** encore respectée au milieu de l'anarchie est celle **du clergé**, doublement puissant par son autorité temporelle et par son autorité spirituelle, uni fortement par la discipline, influent par ses lumières.

Il continue son rôle d'humanité par ses efforts pour réprimer les guerres (**Trêve de Dieu**), et pour améliorer la condition des gens des campagnes; **le servage** se substitue peu à peu à l'esclavage.

Mais, d'un autre côté, **on voyait disparaître** ce qui restait de **libertés municipales** dans le nord de la France; sans défense contre la tyrannie et la cupidité des seigneurs, les habitants des villes étaient réduits à une condition aussi dépendante et souvent plus misérable que celle des serfs.

3° Géographie de l'Europe féodale.

Indépendamment du duché de France, domaine propre de Hugues Capet, **la France** était **partagée** à la fin du Ve siècle, **en six grands fiefs** qui relevaient immédiatement du roi, savoir :

Le comté de Flandre,
Le duché de Normandie,
Le comté de Champagne,
Le duché de Bourgogne,
Le duché d'Aquitaine,
Le comté de Toulouse.

Le royaume de Germanie, de la Meuse à l'Oder, **comptait huit grands duchés :** *Saxe, Bohême, Carinthie, Bavière, Souabe, Franconie, Frise* et *Lorraine.*

Ses rois couronnés empereurs en 962 étendent leur suzeraineté sur **l'Italie** et y arrêtent la formation des grands fiefs. Beaucoup de villes, Venise, Gênes, Pise, etc., deviennent de véritables républiques.

Entre la France, l'Allemagne et l'Italie s'était formé **le royaume**

d'Arles par la réunion des deux Bourgognes. Il fut **légué** par Rodolphe Welf **à l'empereur Conrad II**, en 1033, et ses feudataires, dont les principaux étaient les comtes de Provence, de Savoie et les dauphins de Viennois devinrent les vassaux immédiats de l'empereur.

En Angleterre, la féodalité fut apportée par les Normands, mais avec un caractère particulier ; la conquête fut divisée par Guillaume le Conquérant en **petits fiefs au nombre de 60,000** qui relevaient tous directement du roi.

N° VII.

Avénement des Capétiens ; abaissement de la royauté française, mais activité guerrière de la nation ; conquête de l'Angleterre et fondation du royaume des Deux-Siciles.

PREMIÈRE QUESTION.

Avénement des Capétiens ; abaissement de la royauté française.

L'avénement des Capétiens est le triomphe de la féodalité sur la royauté ; aussi **la dynastie nouvelle**, malgré son caractère national et l'appui de l'Église, restera **faible** et impuissante pendant plus d'un siècle, **sous ses quatre premiers rois :** Hugues Capet, Robert, Henri Ier et Philippe Ier (987-1108).

Hugues Capet (987-996) eut encore à défendre sa couronne contre un fils de Louis d'Outremer, **Charles, duc de Basse Lorraine**, qui finit ses jours captif à Orléans.

Robert le Pieux (996-1031) n'est connu que par ses vertus chrétiennes et par ses tribulations domestiques. Excommunié pour son mariage avec Berthe de Bourgogne, il épousa **Constance**, fille du comte **de Toulouse**, qui mit ses vertus à une longue épreuve.

La grande préoccupation des esprits à cette époque c'était la croyance à la fin du monde pour **l'an 1000**.

Le règne de **Henri I**[er] (1031-1060) voit commencer la riva-

lité des ducs de Normandie et des rois capétiens; Guillaume le
Bâtard, qui venait de succéder à son père Robert le Diable, bat
les Français à **Mortemer**.

Philippe Ier régna près d'un demi-siècle (1060-1108), mais,
étranger aux grands événements de son temps (conquête de l'Angleterre, querelle des investitures, première croisade), il ne se
signala guère que par les désordres de sa vie, qui lui attirèrent
l'**excommunication** de l'Église, au concile de Clermont, en 1095.

DEUXIÈME QUESTION.

Abaissement de la royauté française, mais activité guerrière de la nation; conquête de l'Angleterre et fondation du royaume des Deux-Siciles.

Tandis que la royauté capétienne reste faible, sans ini-
tiative, **la nation**, réveillée par l'établissement des Normands en Neustrie, **porte partout son activité guerrière** : en Angleterre, avec Guillaume le Conquérant; dans
l'Italie méridionale, où elle fonde le royaume des Deux-
Siciles; jusqu'à l'extrémité de l'Espagne, où un fils du duc
de Bourgogne, petit-fils de Hugues Capet, fait la conquête
du Portugal.

1° *Conquête de l'Angleterre* (1066).

Les Saxons venaient à peine de s'affranchir de la domi-
nation danoise, lorsqu'à la mort de leur roi national,
Edouard le Confesseur, l'Angleterre fut envahie par les
Normands.

Guillaume le Bâtard, duc de Normandie, fils de Robert le
Diable, préparait depuis longtemps cette conquête. Il se fait donner par le pape l'investiture de la couronne d'Angleterre, et débarque avec une armée de 60,000 hommes de toutes conditions.

Le dernier roi saxon **Harold** est battu et tué à **Hastings**;
Guillaume entre dans Londres et se fait couronner dans l'abbaye
de **Westminster** (1066).

Les Saxons furent complétement **dépouillés** de leurs terres et de leurs richesses par les vainqueurs, qui formèrent sous le chef de la conquête une armée de 60,000 feudataires, le corps féodal le plus régulier et le mieux discipliné.

Les Normands avaient apporté en Angleterre les mœurs et la langue de la France, tandis que les Saxons conservèrent leur idiome germanique. C'est du mélange des deux races comme des deux langues que se sont formées **la nation et la langue anglaises.**

Guillaume le Conquérant, après avoir organisé son royaume, eut à combattre la révolte de son fils Robert Courte-Heuse, encouragée par le roi de France Philippe I⁰ʳ. Il fut **mortellement blessé au sac de Mantes** (1087).

Ses deux autres fils, **Guillaume le Roux,** puis **Henri I⁰ʳ**, qui lui succédèrent sur le trône, achevèrent de constituer la royauté anglo-normande.

2° *Fondation du royaume des Deux-Siciles* (1044-1130).

A l'époque de la conquête de l'Angleterre les Normands enlevaient aussi l'Italie méridionale aux Lombards, aux Grecs, aux Sarrasins, et y jetaient les fondements du royaume des Deux-Siciles.

Conduits par les **fils de Tancrède de Hauteville,** petit seigneur du Cotentin, ils font d'abord la conquête du **comté de Pouille,** dont le premier comte fut Guillaume Bras de Fer (1044).

Robert Guiscard y ajoute la Calabre et se fait donner l'investiture par le pape Léon IX, après la victoire de **Civitella** (1053).

Roger, le dernier des douze fils de Tancrède, **s'empare de la Sicile** sur les Sarrasins (1061).

En 1130 son fils, **Roger II,** réunit au grand comté de Sicile les duchés de Pouille et de Calabre et reçut du pape le titre de **roi des Deux-Siciles.**

Nous verrons dans l'histoire d'Espagne, au n° XI, la fondation du **royaume de Portugal.**

N° VIII.

Renouvellement de l'empire de Charlemagne par les rois allemands ; lutte pour l'indépendance de la papauté et de l'Église, ou querelle des investitures, jusqu'au concordat de Worms.

PREMIÈRE QUESTION.

Renouvellement de l'empire de Charlemagne par les rois allemands : Otton le Grand et la maison de Saxe.

Le royaume de Germanie, formé en 888 du démembrement de l'empire de Charlemagne, avait été donné à un de ses descendants, **Arnulf**, petit-fils de Louis le Germanique.

Mais la famille de Charlemagne ne tarda pas à s'éteindre en Germanie avec **Louis l'Enfant**, fils et successeur d'Arnulf (914).

La nation assemblée reprenant, et pour toujours, le droit d'élection, donna la couronne à **Conrad**, duc de **Franconie**, qui mourut en combattant les Hongrois (919).

Il avait désigné lui-même aux suffrages des seigneurs Henri, duc de Saxe. **Henri Ier**, surnommé **l'Oiseleur**, fut le chef de la **maison royale de Saxe** qui régna un siècle, de 919 à 1024, et dont l'histoire est signalée par deux grands faits : la lutte contre les barbares Slaves et Hongrois et le rétablissement de l'empire.

Henri l'Oiseleur fonda le **margraviat de Brandebourg** contre les Slaves et battit les Hongrois à **Mersebourg**.

Le plus célèbre des princes de la maison de Saxe est **Otton Ier le Grand** (936-973), dont le règne semble répéter celui de Charlemagne.

Il refoule les Hongrois jusque sur la Theiss par la **victoire d'Augsbourg** (955), et fonde le **margraviat d'Autriche**.

Pour favoriser la **propagation du christianisme** chez les Bohèmes, les Polonais et les Danois, il crée les évêchés de Prague, de Posen et de Slesvig.

Il cherche à organiser l'Allemagne et à y rétablir l'ordre en relevant l'autorité royale (**les comtes palatins**).

Appelé en Italie par les prétentions rivales des seigneurs de ce pays, les ducs de Spolète et de Frioul, les marquis d'Ivrée, etc., qui se disputaient le trône, il reçoit la **couronne d'Italie à Milan** et celle **d'empereur à Rome** (962). Ainsi fut renouvelé en partie l'empire de Charlemagne par les rois allemands et la domination allemande établie en Italie.

Les derniers empereurs saxons, **Otton II**, **Otton III** et **Henri II**, laissèrent tomber la puissance fondée par les deux premiers princes de leur race.

DEUXIÈME QUESTION.

Lutte pour l'indépendance de la papauté et de l'Église ou querelle des investitures : Grégoire VII, Henri IV et la maison de Franconie.

A la mort de Henri II, les seigneurs allemands élurent **Conrad II**, duc de Franconie, dit le Salique. **La maison de Franconie** va régner aussi pendant un siècle, de 1024 à 1125 ; c'est elle qui soutient contre la papauté la querelle des investitures.

Conrard II réunit à l'empire germanique **le royaume d'Arles** ou de Bourgogne transjurane, par le testament du dernier roi, Rodolphe Welf (1033).

Sous son fils, **Henri III** (1039-1056), la puissance impériale fut portée à son plus haut degré en Italie aussi bien qu'en Allemagne ; l'empereur disposait à son gré de la papauté. Le **concile de Sutri** (1046) soumit l'élection du souverain pontife au consentement de l'empereur.

Mais la papauté se relève avec **Grégoire VII** (1073).

qui soutient contre **Henri IV**, fils de Henri III, la fameuse **querelle des investitures.**

Grégoire VII s'était proposé deux grands projets : 1° régénérer l'Église, en réformant ses mœurs et sa discipline ; 2° affranchir la papauté de la domination impériale et faire prévaloir son autorité sur toutes les puissances temporelles.

La principale cause de corruption et de scandales était la simonie ou la vente des évêchés et des abbayes ; Grégoire VII interdit aux seigneurs laïques de donner l'investiture des bénéfices ecclésiastiques.

Henri IV répondit à ses menaces en assemblant à **Worms** un concile d'évêques, ses partisans, par lesquels il fit déposer le pape (1076).

Mais bientôt frappé d'excommunication, menacé de la révolte des seigneurs allemands, il est réduit à venir implorer son pardon au château de **Canossa** (1077).

Honteux de sa faiblesse, il ne tarde pas à relever la tête. Le pape et les rebelles d'Allemagne lui opposent en vain **Rodolphe de Souabe** ; vainqueur de son rival à la bataille de **Volksheim** (1080), il vient attaquer **Rome.**

Grégoire VII, délivré par le chef des Normands, Robert Guiscard, **meurt** dans l'exil à **Salerne** (1085).

Ses successeurs, **Urbain II** et **Pascal II**, continuèrent la lutte et armèrent contre **Henri IV** ses propres enfants. Dépouillé de la couronne, cet empereur si puissant au début de son règne **mourut** à Liége **dans la misère** (1106).

Henri V, arrivé au trône par ce parricide, avec l'appui de l'Église, termina la querelle des investitures par le **Concordat de Worms,** en 1122, sous le pontificat de Calixte II. Chacun garda ce qui lui appartenait : l'empereur, l'investiture temporelle par le sceptre ; le pape, l'investiture spirituelle par la crosse et l'anneau.

La maison de Franconie finit avec Henri V, en 1125.

N° IX.

Lutte pour l'indépendance de l'Italie ou seconde période de la querelle du sacerdoce et de l'empire : les Guelfes et les Gibelins (1152-1250).

PREMIÈRE QUESTION.

Frédéric Barberousse et Alexandre III : première ligue lombarde. — Paix de Constance.

Après l'extinction de la maison de Franconie, la maison de Saxe reparut sur le trône avec Lothaire II (1125-1137); mais à sa mort, malgré les prétentions de son gendre Henri le Superbe, duc de Saxe et de Bavière, la couronne fut donnée à **Conrad III de Souabe ou de Hohenstaufen**, dont la dynastie régna plus d'un siècle, de 1137 à 1250.

C'est la **seconde période de la lutte du sacerdoce et de l'empire**, dans laquelle nous verrons l'Italie unie à la papauté pour la défense de son indépendance contre la domination allemande.

On donne aux deux partis les noms de **Guelfes** et de **Gibelins**, noms de guerre qui avaient pris naissance en Allemagne, lorsque Henri le Superbe, duc de Saxe et de Bavière, chef de la maison des Welfs ou Guelfes, disputa la couronne à Conrad III, seigneur de Weiblingen.

Les efforts des empereurs allemands pour détruire en Italie la grande féodalité avaient favorisé l'émancipation des villes; **les républiques italiennes** se constituaient au xii⁰ siècle et la liberté avait même pénétré jusque dans Rome à la voix d'Arnaud de Brescia, disciple d'Abélard (1144).

Le pape Adrien IV appelle à son secours **Frédéric Barberousse**, neveu et successeur de Conrad III : **Arnaud de Brescia** est brûlé; la diète de Roncaglia proclame le pouvoir absolu de l'empereur; **Milan**, après un siège héroïque, est prise et **détruite** (1162).

Mais l'Italie s'unit enfin : les villes du nord, Milan à leur tête, relevée de ses ruines, formèrent une ligue, **la première ligue lombarde** ; la papauté elle-même, représentée alors par **Alexandre III**, fit cause commune avec les Italiens.

Frédéric Barberousse, abandonné par le chef des Welfs, Henri le Lion, fils de Henri le Superbe, est battu par l'armée de la ligue à **Legnano** (1176). On le voit à Venise se prosterner devant le pape, et par la **paix de Constance**, il reconnaît l'indépendance des villes lombardes (1183).

Cependant il était resté tout-puissant en Allemagne et il se vengea de sa défaite en dépouillant Henri le Lion de ses duchés de Saxe et de Bavière.

Frédéric Barberousse fut un des chefs de la **troisième croisade**, il mourut à son arrivée en Asie, en se baignant dans le Cydnus (1190).

DEUXIÈME QUESTION.

Henri VI et Frédéric II : Innocent III et Innocent IV. — Seconde ligue lombarde.

L'Italie du nord avait échappé à Frédéric Barberousse, son fils **Henri VI** s'empara de l'Italie méridionale.

Héritier du royaume des Deux-Siciles par sa femme, fille du roi normand Roger II, il établit la domination allemande dans cette contrée, avec une barbarie qui lui fit donner par les Siciliens les surnoms de *Cruel* et de *Cyclope*.

A sa mort (1197), **l'empire fut de nouveau disputé entre les Gibelins et les Guelfes.** Philippe de Souabe, second fils de Frédéric Barberousse, et **Otton IV** de Brunswick, fils de Henri le Lion, furent élus, chacun par leur parti, mais ce dernier avec l'appui du pape **Innocent III**, qui disposait des couronnes avec la hauteur de Grégoire VII.

Débarrassé de son rival par un assassinat, Otton IV revendiqua ses droits d'empereur sur l'Italie; alors le pape, relevant la famille gibeline, fit couronner le jeune **Frédéric II**, fils de Henri VI, à la condition qu'il renoncerait au royaume des Deux-Siciles et à l'Italie (1211).

Mais **Frédéric II, Italien** par sa mère, par son éducation, oublia bientôt ses promesses. Il avait aussi fait vœu d'aller en terre sainte et il ne pouvait se décider à quitter le ciel de Naples et sa cour d'artistes et de poëtes.

Excommunié, il partit enfin pour Jérusalem (1228); à son retour il trouva toutes les villes du nord de l'Italie soulevées contre lui dans une **seconde ligue lombarde,** qui s'appuyait sur le pape **Grégoire IX**, comme la première sur Alexandre III. Il eut en même temps à défendre ses couronnes contre son beau-père, Jean de Brienne, et bientôt contre son propre fils Henri, roi des Romains.

Cette fois cependant il triomphe de tous ses ennemis : avec une armée composée en partie de Sarrasins, il bat les Lombards à **Corte Nuova** (1237) ; avec le secours des Pisans, il détruit la flotte génoise à la Meloria. Le successeur de Grégoire IX, **Innocent IV**, est réduit à chercher un asile à Lyon.

Mais là s'arrêtent les succès de Frédéric II. Déposé solennellement au **concile général de Lyon** (1245), trahi par son chancelier, Pierre des Vignes, poursuivi sans relâche par la haine d'Innocent IV, il va mourir dans ses États de Naples en 1250. Ainsi finit la lutte de la papauté et de l'Italie contre l'empire et la domination allemande.

La maison de Souabe elle-même ne tarde pas à disparaître, poursuivie par les papes jusque dans les derniers descendants de Frédéric II.

En Allemagne elle **finit avec** son fils **Conrad IV** (1254), qui se vit disputer la couronne impériale par le protégé d'Innocent IV, Guillaume de Hollande. C'est le commencement de cette période d'anarchie qu'on appelle **le grand interrègne** (1250-1273).

En Italie, le pape Urbain IV offrit **la couronne des Deux-Siciles à Charles d'Anjou,** frère de saint Louis. Manfred, fils naturel de Frédéric II, fut battu et tué près de Bénévent; Conradin, fils de Conrad IV, le dernier rejeton de la maison de Souabe, vaincu à Tagliacozzo, fut décapité à Naples sur un échafaud (1268).

N° X.

Les croisades en Orient. — Turcs et Mongols.

La première croisade. — Les Turcs seldjoucides.

1095-1099.

Les Turcs seldjoucides, qui avaient fondé un empire dans l'Asie occidentale des débris de l'empire abbasside (1058), **avaient** aussi **enlevé** la Palestine et **Jérusalem** aux khalifes d'Égypte, et les pèlerins qui visitaient les lieux saints étaient accablés d'outrages.

Malgré la formation de plusieurs sultanies en 1093, les Turcs restaient **menaçants pour l'Europe** elle-même ; l'empire grec, le premier exposé à leurs coups, trop faible pour se défendre, appelait à son secours les chrétiens d'Occident.

La **première croisade** fut prêchée en 1095 au **concile de Clermont,** par **Pierre l'Ermite** et le pape Urbain II. L'enthousiasme fut général.

Des bandes indisciplinées, composées de gens du peuple, de femmes, d'enfants, se dirigèrent d'abord à travers l'Allemagne, sous la conduite de Pierre l'Ermite et de Gauthier sans Avoir; mais elles furent détruites en grande partie par les Hongrois et les Bulgares irrités de leurs brigandages.

Vinrent ensuite les **armées des chevaliers** qui prirent aussi pour la plupart la route de terre, soit par la vallée du Danube, soit par l'Italie, jusqu'à Constantinople. Les principaux **chefs** étaient : **Godefroy de Bouillon,** duc de basse-Lorraine; **Raymond** de Saint-Gilles, comte **de Toulouse;** Bohémond, prince de Tarente, et Tancrède de Syracuse.

Réunis au nombre de trois cent mille sur le rivage d'Asie, ils s'emparent d'abord de **Nicée**, ils battent le sultan de Roum à **Dorylée**, et, après un long siége, ils prennent **Antioche**.

Assiégés à leur tour dans cette ville, décimés par la famine et les maladies, ils ne parviennent à se dégager que par une sanglante victoire.

Ils arrivent enfin devant **Jérusalem**, réduits à quarante mille hommes; cette ville est prise d'assaut le 15 juillet 1099, et elle devient la capitale d'un royaume chrétien, dont la couronne est offerte à Godefroy de Bouillon.

Les Assises de Jérusalem donnèrent à la conquête une organisation féodale; elle fut partagée en principautés, en comtés, qui relevaient du roi de Jérusalem.

Peu de temps après la première croisade, furent fondés les **Ordres religieux et militaires** des Hospitaliers de Saint-Jean-de-Jérusalem, des Templiers, des chevaliers Teutoniques, dont la mission était de secourir les pèlerins et de défendre les Lieux saints.

Seconde croisade.

1147-1149.

Godefroy de Bouillon était mort en 1100; sous ses successeurs, les chrétiens établis en Orient avaient promptement dégénéré. Le royaume de Jérusalem fut menacé, et **la prise d'Édesse**, en 1144, par le sultan de Mossoul, détermina l'Europe chrétienne à entreprendre une **seconde croisade**.

Elle fut prêchée par **saint Bernard**, abbé de Clairvaux, en France, dans l'assemblée de Vézelay, et en Allemagne à la diète de Spire.

Elle eut pour **chefs** le roi de France **Louis VII**, dit le Jeune, et l'empereur **Conrad III**.

L'armée des Allemands, arrivée la première en Asie, fut détruite devant **Nicée** par les Turcs.

Louis VII en recueillit les débris, et, après avoir perdu lui-même une grande partie de ses troupes dans les fatigues d'une longue route, le long du rivage de l'Asie Mineure (**victoire du Méandre**), il prend le parti de s'embarquer avec les chevaliers à Satalié, abandonnant les gens de pied à la misère et au glaive des musulmans.

Conrad III vient le rejoindre à Antioche, et ils entreprennent ensemble le **siége de Damas**, sans pouvoir s'en rendre maîtres.

Louis VII rentre en France avec deux ou trois cents chevaliers, reste de plus de cent mille pèlerins qui l'avaient suivi dans cette expédition.

Troisième croisade.

1189-1192.

La seconde croisade n'avait pu sauver le royaume de Jérusalem : il ne tarda pas à tomber sous les coups du puissant **Saladin**, qui, déjà maître de l'Égypte, de la Syrie, de la Mésopotamie, **s'empara de Jérusalem**, après la victoire de Tibériade sur le roi Guy de Lusignan (1187).

L'archevêque de Tyr, Guillaume, **vint** alors en Europe **prêcher la troisième croisade**.

Elle eut pour **chefs** les plus puissants princes de la chrétienté : l'empereur **Frédéric Barberousse**, le roi de France **Philippe-Auguste**, et le roi d'Angleterre **Richard Cœur de Lion**.

Frédéric Barberousse, parti le premier par la route de terre, s'empara d'Iconium ; mais il **périt bientôt** en se baignant dans les eaux glacées d'un torrent de Cilicie (1190).

Philippe-Auguste et Richard s'embarquent à Gênes et à Marseille ; ils passent **l'hiver en Sicile**, où commencent leurs discordes.

Arrivés en terre sainte, ils mettent le siége devant **Saint-Jean-d'Acre** ; après un an de résistance, la ville est obligée de capituler, et Philippe-Auguste s'empresse de revenir en France.

Richard continue la guerre contre Saladin, mais, abandonné par une grande partie des croisés, menacé en Europe par Philippe-Auguste, et par son propre frère Jean sans Terre, il est réduit à signer une **trêve avec les infidèles**, sans avoir pu reprendre Jérusalem.

Au retour, il est jeté par un naufrage sur les côtes de Dalmatie, et retenu plus d'un an captif, contre tout droit des gens, par l'empereur d'Allemagne, Henri VI.

Quatrième croisade. — Empire latin ou franc de Constantinople.

1204-1261.

Le pape Innocent III fit prêcher la **quatrième croisade**, en 1199, par **Foulques, curé de Neuilly**-sur-Marne.

Elle eut pour **chefs : Baudouin, comte de Flandre ;** Boniface, marquis de Montferrat, et le doge de Venise, Henri Dandolo.

L'ambition des Vénitiens détourna la quatrième croisade sur Constantinople. Ils fournirent des vaisseaux aux croisés, mais à la condition que ceux-ci les aideraient d'abord à prendre la ville de **Zara**, en Dalmatie.

Là, les croisés virent arriver le fils de l'empereur grec, **Isaac l'Ange,** qui demandait leur secours pour rétablir son père détrôné par l'usurpateur **Alexis Comnène.**

Profitant de ces discordes, les croisés s'emparèrent de Constantinople, et se partagèrent l'empire grec (1204). Baudouin, comte de Flandre, reçut la couronne impériale, et fonda ainsi **l'empire latin ou franc de Constantinople,** qui ne dura qu'un demi-siècle (1204-1261).

Les Vénitiens prirent pour leur part trois des quartiers de Constantinople, et tous les points de l'empire importants pour leur commerce ; le marquis de Montferrat eut le royaume de Thessalonique ou de Macédoine.

L'empire latin, à peu près réduit à la capitale, sans cesse assailli par les Bulgares, **tomba, en 1261, sous les coups de Michel Paléologue,** empereur grec de Nicée, que secondèrent les Génois. jaloux des Vénitiens.

Cinquième croisade.

1217-1221.

La cinquième croisade, suscitée par les papes Innocent III et Honorius III, eut pour **chefs Jean de Brienne**, roi titulaire de Jérusalem, et le légat Pélage.

Les croisés se dirigèrent **sur l'Égypte**, s'emparèrent de Damiette, mais la discorde qui régnait entre les chefs et l'inondation du Nil les forcèrent bientôt à se rembarquer.

Sixième croisade.

1228-1229.

L'empereur Frédéric II, gendre de Jean de Brienne, et à ce titre héritier du royaume de Jérusalem, débarqua en terre sainte en 1228.

Il se fit céder Jérusalem par le soudan d'Égypte, mais, excommunié, il fut obligé de se couronner de ses propres mains dans l'église du Saint-Sépulcre.

Septième croisade. — Les Mongols.

1248-1254.

A l'époque même de la sixième croisade, l'Asie tout entière était bouleversée par les invasions des Mongols. Témoudgin, surnommé **Tchinghis-khan** ou le chef des chefs, réunissant toutes ces hordes tartares sous sa domination (1203), avait fondé un immense empire qui s'étendait de la Perse à Pékin.

Après sa mort (1227), sous ses fils, les Mongols avaient continué leurs ravages. C'est sous leurs coups que périt, comme nous l'avons vu, **le dernier khalife** de Bagdad en 1058.

Ils firent trembler l'Europe elle-même et s'avancèrent à travers la Russie et la Pologne jusqu'aux frontières de l'Allemagne, aux bords de l'Oder, où ils furent arrêtés par les fils de l'empereur Frédéric II.

Le contre-coup de ces invasions terribles fut la **perte définitive de Jérusalem** pour les chrétiens. Les Turcomans du Kharisme, au nord de la Perse, chassés de leurs pays par les Mongols, s'étaient jetés sur la ville sainte et sur la Palestine. Attaqués par les Turcs et par les chrétiens réunis, ils firent alliance avec le soudan d'Égypte, et après la **bataille de Gaza** ils restèrent maîtres de la Palestine, tandis que le soudan rétablit son autorité dans Jérusalem (1244). Ces événements déterminèrent **saint Louis** à entreprendre la **septième croisade.**

Laissant le gouvernement de son royaume à sa mère Blanche de Castille, il s'embarque, en 1248, à **Aigues-Mortes,** avec une armée de plus de quarante mille hommes, et se dirige sur l'Égypte.

Les croisés s'emparent de **Damiette,** mais ils y perdent un temps précieux, et lorsqu'ils se mettent en campagne au printemps suivant, ils trouvent encore le pays couvert par les **inondations du Nil.**

Après le désastreux combat de **Mansourah,** qui coûte la vie au comte d'Artois, frère du roi, l'armée des chrétiens, décimée par la peste, fut enveloppée par les Mamelouks. **Saint Louis** fut fait prisonnier.

Au moment où il venait de traiter de sa rançon avec le soudan, celui-ci fut assassiné par **les Mamelouks,** qui mirent à sa place leur propre chef.

Saint Louis recouvre cependant la liberté en rendant Damiette et en payant une forte rançon (1250). Il va visiter alors les villes qui restaient aux chrétiens dans la Palestine, jusqu'à ce que la **mort de Blanche de Castille** le rappelle en France (1254).

Huitième croisade.

1270.

Malgré ces désastres et le découragement de la chrétienté, saint Louis voulut faire un dernier effort contre les infidèles.

A la sollicitation de son frère Charles d'Anjou, roi de Naples, il dirige la croisade sur **Tunis**, et débarque sur le rivage de l'ancienne Carthage.

La peste dévaste le camp, et le roi lui-même est une des premières victimes (1270).

Les chrétiens d'Orient n'avaient plus rien à espérer ; tout enthousiasme pour les croisades était éteint.

Saint-Jean-d'Acre tomba, en 1291, **au pouvoir du soudan** d'Égypte.

Les Hospitaliers de Saint-Jean-de-Jérusalem se retirèrent **dans l'île de Rhodes,** qu'ils venaient d'enlever aux Turcs (1310).

Résultats généraux des croisades.

Les désastres des croisades furent compensés, pour la France surtout qui y avait pris la plus grande part, par des **résultats** considérables au point de vue des institutions politiques et de la civilisation générale :

1° **Au point de vue politique,** elles servirent les progrès de la royauté et de la bourgeoisie aux dépens de la féodalité ;

2° **Au point de vue de la civilisation,** elles donnèrent l'essor au commerce et à l'industrie chez les peuples de l'Occident ;

Elles étendirent le domaine des connaissances, surtout en **géographie ;**

Elles furent un sujet d'inspiration pour nos poëtes et nos premiers prosateurs : **Villehardouin** (1213), **Joinville** (1224-1318).

L'architecture ogivale s'enrichit par l'imitation des merveilles de l'architecture arabe.

N° XI.

Les croisades en Occident, contre les Albigeois, les Maures espagnols et les païens de la Baltique. — Les royaumes chrétiens d'Espagne ; origine de la Prusse.

Au milieu du moyen âge, nous voyons **la chrétienté tout entière armée contre les infidèles.** Tandis qu'on allait en Orient pour délivrer les lieux saints, la croisade se faisait aussi en Occident contre les hérétiques du midi de la France ou Albigeois, contre les Maures d'Espagne, contre les païens de la Baltique.

PREMIÈRE QUESTION.

Croisade contre les Albigeois.

1207-1229.

Le midi de la France, plus riche et plus civilisé que le nord, était travaillé depuis le xie siècle par des doctrines hérétiques, appelées, d'un nom général, hérésies des **Albigeois.** Ces sectaires, très-nombreux, surtout **dans le Languedoc,** étaient protégés par les seigneurs mêmes du pays, le comtes de Toulouse, de Béziers, de Foix, etc.

Le pape **Innocent III** fit prêcher contre eux une croisade dans le nord de la France, et une armée féodale, sous la conduite de **Simon de Montfort,** se jeta avec avidité sur ces belles provinces du Midi.

Le comte de Toulouse, **Raymond VI,** abandonnant ses sujets, fit pénitence publique et se joignit même aux croisés.

Son neveu, Raymond-Roger, comte de **Béziers et de Carcassonne,** résiste noblement ; mais Béziers et Carcassonne sont prises et saccagées ; le comté de Toulouse tout entier est dévasté.

Raymond VI se décide alors à défendre ses domaines ; malgré

le secours de **Pierre II**, roi d'Aragon, il est battu à **Muret** (1213), et le concile de Montpellier donne le **comté de Toulouse à Simon de Montfort**.

Celui-ci fut tué au siége de Toulouse (1218), et son fils Amaury vendit ses droits au roi de France, **Louis VIII**, qui s'empara d'**Avignon**, mais mourut bientôt lui-même au milieu de son expédition (1226).

Sa veuve, Blanche de Castille, termina au profit de la royauté capétienne cette guerre si cruelle pour nos provinces du Midi. Par le **traité de Meaux**, le comté de Toulouse fut donné en dot à la fille de Raymond VII, qui épousait un frère du roi, Alphonse de Poitiers, avec cette condition que, si elle mourait sans postérité, il reviendrait à la couronne (1229).

L'hérésie avait été étouffée dans le sang, et **l'inquisition** établie **à Toulouse** avec les Dominicains se chargea d'en détruire les derniers germes.

DEUXIÈME QUESTION.

Croisade contre les Maures espagnols : les royaumes chrétiens d'Espagne.

La croisade des chrétiens d'Espagne contre les Maures commença presque aussitôt après l'établissement de ces derniers dans la péninsule et elle dura près de huit siècles.

Les Wisigoths, sous la conduite de **Pélage**, réfugiés derrière les montagnes des **Asturies**, y avaient fondé un royaume dont Oviédo fut la capitale (760).

Après les exploits d'**Alphonse III le Grand** et de saint Jacques le Tueur de Maures (Matamoros), le royaume des Asturies agrandi de la Galice franchit le Douro et devient le **royaume de Léon** (914).

Dans cet intervalle s'étaient formés les comtés de Barcelone (804), d'Aragon, de Castille et, aux dépens de l'empire carlovingien, le petit **royaume de Navarre** sous la dynastie d'Aznar (831).

La **décadence du califat** de Cordoue et bientôt son démembrement en plusieurs petits royaumes (1010) favorisèrent encore les succès des chrétiens. **Sanche III le Grand**, roi de Navarre 1000-1035), établit sa famille sur tous les États de l'Espagne.

Il érige en **royaumes** : le comté de **Castille** pour son fils Ferdinand Ier (1033), qui y réunit, par son mariage, le royaume de Léon ; le comté **d'Aragon** pour un autre de ses fils, Ramire le Moine ; et il laisse à l'aîné, Garcias, le royaume **de Navarre.**

Une des plus brillantes époques de la croisade fut le **règne d'Alphonse VI** de Castille (1065-1109), illustré par le Cid.

Il s'empare de **Tolède** et en fait sa capitale (1085).

Don Rodrigue de Bivar, fameux sous le nom de **Cid** ou seigneur, enlève aux Maures le pays de Valence (1094).

Henri de Bourgogne, arrière-petit-fils du roi Robert, était venu combattre avec les Castillans ; pour prix de sa valeur il reçut le **comté de Portugal** (1095).

A peu près dans le même temps, Alphonse Ier le Batailleur, roi d'Aragon, refoulait les Maures au delà de l'Ebre et prenait Saragosse pour capitale (1118).

Cependant les **progrès des chrétiens** furent à deux reprises **suspendus** par les invasions de sectes fanatiques venues de l'Afrique, les Almoravides et les Almohades.

Les Almoravides sous Yousouf, le fondateur de Maroc, vainquirent Alphonse **VI** à **Zalaca** (1086) et à **Uclès** (1108) ; leurs succès s'arrêtèrent à la bataille d'**Ourique** (1139). Le vainqueur **Alphonse**, fils de Henri de Bourgogne, fut proclamé par ses soldats **roi de Portugal.**

Un demi-siècle après, **les Almohades**, dont l'empire avait remplacé celui des Almoravides, triomphent aussi des chrétiens à **Alarcos** (1195) ; mais la grande victoire des cinq rois d'Espagne à **Las Navas de Tolosa**, en 1210, entraîne la chute de leur domination.

Dès lors, **les Maures**, divisés, comme auparavant, en plusieurs États, ne savent plus résister ; ils perdent successivement Cordoue (1236), Séville, Murcie, les îles Baléares.

Confinés pendant les deux derniers siècles du moyen âge à l'extrémité de la Péninsule, dans le petit royaume de Grenade, ils en sont **chassés définitivement en 1492.**

Les croisades d'Espagne, comme celles d'Orient, avaient donné naissance à des **ordres religieux et militaires,** ceux d'Alcantara, de Calatrava et de Saint-Jacques de Compostelle.

TROISIÈME QUESTION.

Croisade contre les païens de la Baltique. Origine de la Prusse.

Les chevaliers de **l'ordre Teutonique** étaient revenus en Europe à la fin des croisades, vers 1230. Réunis aux chevaliers porte-glaives de Livonie, ils prirent pour **mission de subjuguer et de convertir les Prussiens,** peuple encore païen, qui habitait de la Vistule au Niémen.

Devenus maîtres des provinces qui bordent la Baltique, Prusse, Esthonie, Livonie, Courlande, ils firent de Marienbourg la capitale de leur ordre (1309). C'est là l'origine de la Prusse.

Nº XII.

La France et l'Angleterre de 1066 à 1217 ; première période de leur rivalité, les rois anglais perdent la moitié de leurs fiefs de France.

La rivalité de la France et de l'Angleterre, qui tient une si grande place dans l'histoire de ces deux nations, comprend **trois périodes :**

1º La lutte féodale au XIIe siècle entre les Plantagenets et les rois capétiens ;

2º La rivalité pour la couronne de France elle-même ou la guerre de Cent ans ;

3° Les guerres des temps modernes depuis Louis XIV jusqu'en 1815, période dans laquelle l'Angleterre, à la tête de toutes les coalitions, dispute à la France l'empire des mers et la suprématie sur le continent.

L'établissement des **ducs de Normandie** sur le trône d'Angleterre faisait d'eux des **vassaux trop puissants** pour les rois capétiens ; c'est là l'origine de **la première période de rivalité**, qui s'étend de 1066 à 1217, et qui présente **deux phases** distinctes : au début de la lutte, l'organisation militaire des Normands, leur discipline féodale, leur assurent l'avantage ; mais la royauté capétienne, relevée avec Philippe-Auguste, finit par triompher.

1° *Louis VI, le Gros, et Louis VII, le Jeune.* — *Avènement et puissance des Plantagenets* (1108-1180).

La politique des rois de France devait être de détacher le duché de Normandie du royaume d'Angleterre.

Nous avons vu **Philippe Ier** lui-même encourager la révolte de Robert Courte-Heuse contre son père **Guillaume le Conquérant**, qui fut mortellement blessé au **sac de Mantes** (1087).

Louis VI, dit le Gros (1108-1137), avec lequel la royauté capétienne commence à se relever, oppose au roi d'Angleterre **Henri Ier** le fils de Robert Courte-Heuse, **Guillaume Cliton**, dans le duché de Normandie ; mais il est battu à **Brenneville** (1119). La Champagne même est envahie par l'empereur Henri V, gendre du roi d'Angleterre.

Le **mariage de Mathilde**, fille et unique héritière de Henri Ier, **avec Geoffroy Plantagenet**, comte d'Anjou, préparait de nouveaux dangers pour la maison capétienne.

Louis VI opposa à ce **mariage** celui de son fils, **Louis le Jeune, avec Éléonore de Guyenne**, duchesse d'Aquitaine.

Mais **Louis VII** (1137-1180), qui n'avait pas la sagesse de son père, **répudia Éléonore**, malgré les conseils de l'abbé Suger, au retour de la seconde croisade, et celle-ci porta en dot son duché d'Aquitaine à **son nouvel époux Henri II Plantagenet,** déjà comte d'Anjou et duc de Normandie, bientôt roi d'Angleterre en 1154.

Heureusement pour la maison capétienne, **la puissance des Plantagenets,** maîtres de la moitié de la France, fut neutralisée dès le règne de Henri II par la querelle de ce prince avec l'archevêque de Cantorbéry, **Thomas Becket,** et par la **révolte de** ses fils. L'aîné, **Henri au Court-Mantel,** trouva même un appui dans Louis VII, dont il avait épousé la fille.

2° *Philippe-Auguste : guerres contre Richard et Jean sans Terre ; bataille de Bouvines, les Plantagenets perdent la moitié de leurs fiefs en France (1180-1217).*

Le règne de Philippe-Auguste, fils de Louis VII (1180-1223), est occupé presque entièrement par **trois guerres contre les Plantagenets,** auxquels il parvient à enlever la moitié des fiefs qu'ils possédaient en France.

Guerre contre Henri II.

Empressé de se mêler aux discordes qui affaiblissaient cette famille, Philippe-Auguste favorisa les **prétentions de Richard Cœur-de-Lion,** second fils de Henri II, et ce malheureux roi mourut de chagrin en combattant ses enfants (1189).

Guerre contre Richard.

Richard lui succéda et entreprit d'abord avec le roi de France **la troisième croisade ;** mais avant d'arriver en terre sainte, ils étaient déjà brouillés. **Philippe,** revenu en Europe avant son allié, **profita de son absence** et de sa captivité **pour attaquer ses domaines,** de concert avec son propre frère, Jean sans Terre.

Il avait déjà envahi la Normandie quand *le lion déchaîné* accourut pour défendre ses droits. Philippe-Auguste fut battu dans deux engagements, à **Fréteval** et à **Gisors.**

Épuisés l'un et l'autre par la croisade, les deux rivaux ne

tardèrent pas à signer une **trève** de cinq ans, pendant laquelle **Richard** fut **tué** dans une guerre contre un de ses vassaux, **devant** le château de **Chalus** (1199).

Guerre contre Jean sans Terre.

Jean sans Terre s'empare de la couronne au préjudice de son neveu **Arthur de Bretagne**, qu'il poignarde à Rouen de sa propre main.

Philippe-Auguste, qui avait embrassé la cause de son jeune vassal, fait condamner Jean sans Terre à mort et à la confiscation de ses biens par les pairs du royaume, et, en vertu de cet arrêt, il **réunit** à la couronne la **Normandie**, la **Touraine**, le **Maine**, l'**Anjou et le Poitou** (1203).

Le roi d'Angleterre, pour reconquérir ses provinces, suscita une grande **ligue féodale** dans laquelle entrèrent l'empereur d'Allemagne Otton IV, le comte de Flandre, le comte de Boulogne, et tous les barons du nord et de l'ouest de la France.

Pendant que le fils de Philippe-Auguste, Louis le Lion, tient tête à Jean sans Terre au delà de la Loire, le roi en personne, avec une armée grossie par les milices communales, s'avance au-devant des seigneurs du Nord, et il les bat près du pont de **Bouvines** (1214). Le comte de Flandre, prisonnier, vient expier sa félonie dans la tour du Louvre.

Cette victoire, dans laquelle **les communes gagnèrent leurs éperons**, affermit l'autorité royale, et consacra les acquisitions territoriales faites par Philippe-Auguste.

Non-seulement les rois anglais perdaient la meilleure partie de leurs provinces sur le continent, mais nous verrons même un prince capétien, Louis le Lion, occuper quelque temps le trône d'Angleterre après la déposition de Jean sans Terre (1216-1217).

N° XIII.

La France et l'Angleterre jusqu'à la guerre de Cent ans ; progrès de la royauté dans l'une, des institutions constitutionnelles dans l'autre.

Au milieu de leur rivalité, la France et l'Angleterre s'organisaient intérieurement, mais suivant des principes difrents, malgré la communauté de leur origine : **en France,** la royauté capétienne, prenant pour modèle les institutions romaines, établissait **la centralisation monarchique ; en Angleterre,** la nation, fidèle aux traditions germaniques, posait en face de la royauté les bases de ses **libertés.**

PREMIÈRE QUESTION.

Progrès de la royauté en France sous les Capétiens directs.

1108-1328.

1° Louis VI, le Gros ; les Communes. — Louis VII, le Jeune (1108-1180).

La royauté, si faible sous les quatre premiers capétiens, **se relève avec Louis VI,** dit le Gros, en associant sa cause à celle du peuple, qui renaît en même temps à la liberté par l'émancipation des communes.

La commune était une espèce de république, une association formée entre les habitants d'une ville pour la défense de leurs franchises.

Ces **franchises** consistaient dans le droit : 1° de ne payer d'autre impôt que celui qui était fixé par la **charte ;** 2° d'être jugé suivant les lois ou coutumes rédigées du consentement de la commune; 3° de nommer les magistrats (**maires, échevins**).

La révolution communale commença dans la France méridionale, suscitée par l'exemple des républiques italiennes, par les souvenirs et les traditions des institutions romaines.

Elle ne tarda pas à se propager dans la France du nord; les populations urbaines, déjà plus nombreuses et plus aisées, achetèrent de leur argent et souvent de leur sang leurs chartes d'affranchissement. **Le Mans, Cambrai,** 1067 et 1070, furent les **premières communes;** vinrent ensuite Noyon, Beauvais, Saint-Quentin, Laon, Amiens, Soissons, Reims, Sens, etc.

Les croisades favorisèrent encore ce mouvement, et il eut généralement **l'appui de la royauté.**

C'est au milieu de ces circonstances que **Louis le Gros** put commencer avec succès la **lutte contre la féodalité.** Plus actif et plus habile que ses prédécesseurs, il se présente comme le protecteur du peuple et de l'Église contre le brigandage des seigneurs.

Il parvient dès le commencement de son règne à soumettre ses **vassaux rebelles du duché de France,** tels que le comte de Montmorency, les sires du Puiset et de Montlhéry.

Quand la Champagne fut envahie par l'empereur Henri V, on vit **les milices communales** se rallier autour de l'oriflamme pour défendre le royaume.

Louis VII, dit **le Jeune** (1137-1180), faillit compromettre ces premiers progrès de la royauté : **son divorce** avec Éléonore de Guyenne ajouta encore l'Aquitaine aux domaines déjà si considérables des Plantagenets.

2° *Philippe-Auguste. — Extension du domaine de la couronne* (1180-1223).

Mais **Philippe-Auguste** son fils poursuit sans relâche, avec un véritable génie politique, l'œuvre commencée par Louis le Gros ; on peut le considérer comme le premier roi capétien qui ait conçu la pensée de donner à la France **l'unité territoriale et monarchique.**

Il avait acquis dès le commencement de son règne le **Vermandois**, le Valois et l'Artois.

Nous l'avons vu soutenir trois guerres contre les Plantagenets et réunir au domaine de la couronne la moitié de leurs fiefs en France, **Normandie, Anjou, Maine, Touraine** et **Poitou**, confisqués sur Jean sans Terre.

Cette conquête fut assurée par la victoire de **Bouvines** remportée en 1214, avec l'aide des communes, contre une puissante ligue féodale qui avait pour alliés le roi d'Angleterre et l'empereur Otton IV.

Philippe-Auguste avait ainsi doublé le domaine royal, il donna tous ses soins à son **administration**.

C'est à lui que remonte l'organisation par **prévôtés, bailliages** et sénéchaussées.

Il favorise le **développement des communes,** ces alliés si utiles de la royauté.

Il organise l'**assemblée des pairs** ou des hauts barons, et les fait concourir au rétablissement de la paix publique par l'institution de la **Quarantaine-le-Roi**.

En un mot, par toutes les institutions de son règne, par **l'éclat** même de **sa cour** et de **sa capitale embellie** par lui (nouvelle enceinte, Notre-Dame, Université de Paris), il relève le pouvoir royal, et place réellement le roi à la tête de la féodalité.

3° Saint Louis : atteintes portées à la féodalité
(1226-1270).

Après le court règne de **Louis VIII**, le Lion (1223-1226), qui mourut dans la guerre des Albigeois, les grands vassaux cherchèrent à profiter de la **minorité** de son fils **Louis IX** pour reprendre leurs avantages.

Ils formèrent une **ligue féodale** à la tête de laquelle étaient le comte de Champagne Thibaud, Raymond VII, comte de Toulouse, et Pierre Mauclerc, duc de Bretagne. **Blanche de Castille** sut la dissiper par sa sagesse et sa fermeté (**traités de Meaux,** 1229, et de Saint-Aubin-du-Cormier).

Louis IX, sévèrement élevé par sa mère, reçut d'elle le pouvoir royal intact, mais il eut bientôt à se défendre lui-même contre une **révolte des barons de l'Ouest, soutenue par** le roi d'Angleterre, **Henri III (1241).**

Il battit les Anglais au pont de **Taillebourg et à Saintes.**

Une trêve fut signée à Bordeaux (1243), confirmée en 1259 par la **paix d'Abbeville.** Louis IX, par scrupule de conscience, abandonnait le Limousin, le Périgord, le Quercy, l'Agénois et la Saintonge; mais à ce prix Henri III renonçait formellement à tous ses droits sur la Normandie, l'Anjou, le Maine, la Touraine et le Poitou.

La gloire du règne de Louis IX n'est pas dans ses croisades, l'une et l'autre si funestes, et dont la dernière lui coûta la vie (1270), mais dans **l'esprit de justice et d'humanité** qui **inspira** tous ses actes. **Ses** travaux législatifs ou **établissements** n'eurent d'autre objet que de substituer la loi, la justice, au droit du plus fort, le seul droit respecté par la société féodale. C'est ainsi que, par une pensée moins personnelle et plus élevée, il arriva au même résultat que Philippe-Auguste : **l'abaissement de la féodalité** au profit de la royauté.

Il interdit les guerres privées par l'institution de **la Quarantaine-le-Roi,** renouvelée de Philippe-Auguste.

Il abolit, dans ses domaines, **le duel judiciaire,** et remplaça cette coutume barbare par la preuve testimoniale.

La conséquence de cette réforme fut l'introduction au parlement des **conseillers-clercs** ou chevaliers de justice, qui devaient assister et bientôt remplacer les barons dans la conduite et le jugement des procès. Saint Louis établit de même, auprès des baillis et des sénéchaux de son domaine, les **actores regis.**

Le parlement eut des sessions annuelles, et domina les juridictions féodales par l'institution des **appels** et des **cas royaux.**

Ne pouvant enlever aux seigneurs le droit de battre monnaie, saint Louis donna cours par tout le royaume à la **monnaie royale.**

Sa piété ne l'empêcha pas de réprimer les empiétements de la cour de Rome par **la Pragmatique sanction**, qui rendait aux chanoines et aux moines le droit d'élire les évêques et les abbés.

Parmi les **conseillers de saint Louis**, qui partagent avec lui l'honneur de ces réformes, il faut citer : son chapelain **Robert Sorbon**, qui institua la Sorbonne ; le prévôt des marchands **Étienne Boileau**, qui réorganisa les corporations et recueillit leurs règlements dans **le Livre des Métiers** ; le jurisconsulte **Pierre de Fontaine**.

Le siècle de saint Louis n'est pas moins remarquable par le développement des **lettres et** des **arts** et de la civilisation générale.

La langue romane se perfectionne et s'enrichit sous l'influence des croisades et de la révolution communale (**le roman de la Rose**, Thibaud de Champagne, Villehardouin, Joinville).

Les écoles monastiques et séculières, rouvertes aux xie et xiie siècles, s'organisent en **universités** ou corporations avec des privilèges particuliers. L'Université de Paris, dont l'enseignement avait jeté un si grand éclat avec Abélard (1079-1142), reçut ses privilèges de Philippe-Auguste.

Le xiiie siècle est aussi l'époque la plus brillante de l'**architecture ogivale**, improprement appelée gothique, qui avait remplacé le style roman ; **la Sainte Chapelle** fut bâtie par saint Louis.

4° *Philippe IV, le Bel : les légistes. — Sa lutte avec Boniface VIII. — Organisation de l'administration judiciaire et financière (1285-1314).*

Le règne de **Philippe III, le Hardi** (1270-1285), sans importance spéciale, **ajouta** cependant **quatre provinces** au domaine royal :

Les comtés de Poitiers et de Toulouse par suite de la mort d'Alphonse de Poitiers et de Jeanne de Toulouse au retour de la croisade ; le **comté de Champagne et le royaume de Navarre** par le mariage de l'héritier de la couronne, Philippe le Bel, avec Jeanne de Navarre, arrière-petite-fille de Thibaud le trouvère.

Philippe le Hardi mourut au milieu d'une **guerre contre**

l'Aragon, dont la principale cause était l'occupation de la Sicile par Pierre III, après les **Vêpres siciliennes** (1282). Philippe le Bel, dès son avénement, s'empressa de terminer cette guerre sans profit pour la royauté, par le **traité de Tarascon** (1291), qui laissait la Sicile à la maison d'Aragon.

Le règne de **Philippe IV, le Bel** (1285-1314), est un des plus considérables dans l'histoire des progrès du pouvoir royal. C'est le **règne des légistes**; c'est parmi ces hommes de loi, imbus des principes du droit romain, qu'il choisit ses conseillers : les chanceliers Pierre Flotte et Nogaret, le trésorier Enguerrand de Marigny, etc.

Ils furent les créateurs d'une **administration régulière,** mais despotique et souvent violente.

Ils complétèrent la **réforme judiciaire** commencée par saint Louis. L'ancien parlement fut divisé en trois conseils : le **Parlement,** organisé exclusivement pour l'exercice de la justice, le **Grand conseil** et la **Chambre des comptes.**

Ils jetèrent les bases de l'**administration financière,** créèrent de nouveaux **impôts** : les douanes, la gabelle, la taille, les aides. Mais ce ne fut pas encore assez pour les besoins du trésor; on en vint aux plus odieuses **exactions** : altération des monnaies, proscription des Juifs, lois somptuaires.

Sortis la plupart de la bourgeoisie, les légistes l'introduisirent, comme appui de la royauté, sous le nom de **Tiers état,** dans les assemblées nationales ou **États généraux** qui furent convoqués pour la première fois et à plusieurs reprises sous Philippe le Bel (1302, 1308, 1314).

Le règne de Philippe le Bel peut d'ailleurs se résumer en **trois faits** généraux : la guerre avec la Flandre et l'Angleterre, la querelle avec la papauté, le procès des Templiers.

Philippe le Bel voulut profiter de la lutte engagée par **Edouard I**er contre l'Écosse, pour chasser entièrement les Plantagenets du continent. Il confisqua la Guyenne et fit

alliance avec les Écossais ; le roi d'Angleterre de son côté soutint la **révolte du comte de Flandre,** Guy de Dampierre, contre son suzerain (1298).

Mais les deux rois ne devaient pas tarder à se réconcilier en abandonnant leurs alliés ; **Philippe le Bel** rendit la Guyenne, et **donna sa fille** en mariage **au prince de Galles** (1299).

Guy de Dampierre, déjà battu à Furnes et à Comines (1298), est bientôt réduit à se remettre à la discrétion du roi, qui le fait enfermer au Louvre, et **la Flandre est confisquée.**

Les exactions commises par les officiers de Philippe le Bel **soulevèrent les Flamands ;** la chevalerie française, qui comptait avoir facilement raison de ces bourgeois, fut taillée en pièces à **Courtrai** (1302). — Philippe le Bel en personne vengea ce désastre par la victoire de **Mons-en-Puelle** (1304).

Désespérant, malgré ce succès, de dompter l'indépendance des Flamands, **il ne garda que la Flandre française,** et rendit le reste du comté au fils de Guy de Dampierre.

La chaire pontificale était occupée alors par **Boniface VIII** (1296-1303), qui avait toute l'ambition des Grégoire VII, des Innocent III. Il voulut interdire à **Philippe le Bel** de lever des impôts sur le clergé et lui imposer sa décision dans la guerre avec l'Angleterre et la Flandre.

Méprisant les menaces d'**excommunication,** le roi fait brûler les bulles pontificales, et il en appelle de l'anathème de Boniface VIII à la nation tout entière (**États généraux** de 1302).

Le pape est cité à comparaître devant un concile. Le légiste Guillaume de Nogaret et un seigneur italien, Sciarra Colonna, bandit chassé des États pontificaux, se chargent d'aller lui signifier cet arrêt dans **Anagni ;** ils l'insultent et se saisissent de sa personne.

Délivré de leurs mains, Boniface VIII mourut peu après, et son successeur, **Benoît XI,** qui refusait d'humilier le saint-siège devant le pouvoir temporel, disparut presque aussitôt par le poison.

Philippe le Bel, par ses intrigues, fit nommer pape un Français, Bertrand de Goth, archevêque de Bordeaux, qui prit le nom de **Clément V**. Mais il lui avait imposé **six conditions**, entre autres la condamnation de la mémoire de Boniface VIII, et le droit de lever une dîme sur le clergé de France. La sixième restait sous silence, c'était la condamnation des Templiers.

Clément V transféra **le saint-siége à Avignon,** où il resta près de soixante-dix ans (1309-1377) sous la main du roi de France. C'est ce que l'Église appela la *captivité de Babylone.*

Philippe le Bel, plus heureux que les empereurs allemands, mais à un siècle de distance, venait de triompher de la papauté; il poursuivait avec non moins d'acharnement la noblesse dans l'**affaire des Templiers.**

Les chevaliers du Temple, retirés dans les domaines de leur ordre depuis la fin des croisades, formaient une **puissante association** qui était une force de plus pour la féodalité et dont le roi convoitait les **immenses richesses.**

Ils furent arrêtés par tout le royaume, sous la prévention des crimes les plus odieux. A la suite d'un **long et inique procès,** soixante-trois chevaliers furent brûlés (1310), et le pape Clément V, lié par sa parole, prononça au **concile de Vienne,** en présence du roi de France, l'**abolition de l'ordre** du Temple dans toute la chrétienté (1314).

Le dernier grand maître, Jacques de Molay, mourut à Paris, sur le bûcher, en 1314, la même année que Philippe le Bel et Clément V.

Philippe le Bel laissait trois fils qui se succédèrent sur le trône sous les noms de Louis X, Philippe V et Charles IV.

Le règne de **Louis X, le Hutin,** fut signalé par une **réaction** de la noblesse **contre les légistes.** Enguerrand de Marigny, le persécuteur des Templiers, fut pendu au gibet de Montfaucon.

L'avénement de **Philippe V, le Long,** au préjudice de sa nièce Jeanne, fille de Louis X, fut la **première application de la loi salique,** qui préserva la France des dynasties étrangères

Avec **Charles IV le Bel** finit, en 1328, la branche des Capétiens directs.

Progrès des institutions constitutionnelles en Angleterre au XIIIe siècle : la Grande Charte.

Quand la royauté anglo-normande fut affermie dans sa conquête, elle vit se soulever contre son pouvoir la noblesse unie à la bourgeoisie et au clergé pour revendiquer les droits de la nation.

Les barons, profitant des embarras de Jean sans Terre sur le continent, le forcèrent à signer **la Grande Charte**, base des libertés fondamentales de l'Angleterre. Elle établissait la loi d'**habeas corpus** et le **jury**; le roi s'engageait à ne pas lever d'impôt sans le consentement du **conseil des barons** (1215).

Jean sans Terre, pour avoir voulu violer son serment, perdit sa couronne; elle fut donnée à **Louis le Lion,** fils de Philippe-Auguste. Cependant, Jean sans Terre étant venu à mourir (1216), les Anglais préférèrent à un prince français son jeune fils, **Henri III.**

Comme son père, Henri III fut vaincu dans la guerre de France par saint Louis, comme lui aussi il viola le serment qu'il avait fait de respecter la Grande Charte; alors les barons, pour assurer le maintien de leurs droits, publièrent **les statuts d'Oxford,** qui enlevaient au roi la nomination des juges et des officiers de la couronne et ordonnaient la convocation du parlement trois fois par an (1258).

Henri III en appela à l'arbitrage de saint Louis, qui se prononça contre les barons; ceux-ci prennent les armes, s'emparent du roi et de son fils Édouard, à la **bataille de Lewes,** et remettent le gouvernement à leur chef **Simon de Montfort,** comte de Leicester.

Ce fut Simon de Montfort qui introduisit dans le parlement les chevaliers des comtés et les bourgeois des principales villes d'Angleterre (1264) : telle fut l'origine de la **Chambre des Communes,** comme le conseil des barons avait été l'origine de la Chambre des Lords.

Cependant le prince Édouard, s'étant échappé des mains des rebelles, les battit à **Evesham** (1265). Henri III fut rétabli sur le trône, mais désormais lui et son fils Édouard Ier, qui lui succéda bientôt, respectèrent les libertés conquises par la nation.

Édouard Ier (1272-1307) tourna son activité et celle de ses sujets vers les **conquêtes.**

Il s'empara du pays de Galles (1284) et en assura la soumission par le supplice des derniers chefs nationaux. Dès lors le titre de prince de Galles fut porté par l'héritier présomptif de la couronne d'Angleterre.

Il voulut de même **s'emparer de l'Écosse,** en profitant de la rivalité de deux prétendants au trône, Jean Baliol et Robert Bruce.

Mais, malgré les défaites successives de **Jean Baliol** et de **Wallace,** qui eut le sort des chefs gallois, les Écossais finirent par triompher. Le fils de **Robert Bruce** assura leur indépendance par la victoire de **Bannock-Burn** sur **Édouard II** (1314).

N° XIV.

Guerre de Cent ans.

La seconde branche des Capétiens, dite des **Valois,** commence en 1328 **avec Philippe VI,** petit-fils de Philippe le Hardi, dont l'avénement fut une nouvelle consécration de la loi salique.

Édouard III arrivait presque en même temps au trône d'Angleterre (1327). **Ses prétentions à la couronne de France,** en qualité de petit-fils de Philippe le Bel par sa mère, furent la principale cause de la guerre de Cent ans.

Cette guerre, qui dura de 1337 à 1453, présente une

double alternative de succès et de revers, et se divise en **quatre périodes** :

1° Les revers des règnes de Philippe de Valois et de Jean le Bon;
2° Les succès de Charles V et de Duguesclin;
3° Les revers du règne de Charles VI;
4° La France reconquise par Charles VII et Jeanne d'Arc.

PREMIÈRE PÉRIODE.

Revers de la France sous les règnes de Philippe de Valois et de Jean le Bon. — Troubles intérieurs.

1337-1364.

1° Philippe de Valois et Édouard III. — Bataille de Crécy (1328-1350).

La guerre de Cent ans eut d'abord pour théâtre **la Flandre et la Bretagne**.

Dès la première année de son règne, **Philippe de Valois**, roi tout chevaleresque, comme le furent la plupart des princes de sa maison, avait pris parti **contre les bourgeois de Flandre** qui venaient de chasser leur comte Louis de Rethel, et par la victoire de **Cassel** il avait rétabli son vassal dans ses droits.

Édouard III se fit le **protecteur des Flamands**, que leurs intérêts commerciaux rapprochaient d'ailleurs de l'Angleterre. Une nouvelle insurrection qui eut pour chef un brasseur de Gand, **Jacques Arteveld**, le décida à jeter le défi à Philippe de Valois, en prenant le titre et les armes de roi de France (1337).

Il débarqua en Flandre après avoir détruit la flotte française en vue de **l'Écluse** (1340); mais après un échec des Anglais devant **Tournai**, les hostilités furent suspendues par une **trêve** d'un an.

La **lutte** se ranima bientôt, **en Bretagne**, à l'occasion de la succession du duc Jean III, disputée par sa nièce **Jeanne de Penthièvre, qui avait épousé Charles de Blois**, neveu de Philippe de Valois, et par **Jean de Montfort**, qui rendit hommage à Édouard III (1344).

La guerre de Bretagne fut aussi appelée la **guerre des deux Jeanne**, parce que, pendant la captivité de leurs maris, Jeanne de Montfort et Jeanne de Penthièvre, ou *la Boiteuse*, combattirent elles-mêmes à la tête de leurs partis avec une remarquable énergie.

Pendant une trêve, Philippe de Valois invita à un tournoi plusieurs seigneurs bretons liés avec l'Angleterre, et il les fit décapiter sans forme de procès. **Édouard III** se saisit de ce prétexte pour faire une **descente en France**.

Il s'avance jusqu'à huit lieues de Paris, à Poissy; mais n'osant attaquer Philippe de Valois devant sa capitale, il remonte vers la Picardie et choisit habilement son champ de bataille à **Crécy**, près d'Abbeville. La chevalerie française, victime de sa témérité, de son indiscipline et des fautes de son roi, est vaincue, taillée en pièces par l'infanterie anglaise (1346).

Édouard III, l'année suivante, s'empara de **Calais**, malgré la résistance désespérée de ses habitants, qui ne durent la vie qu'au dévouement d'**Eustache de Saint-Pierre** et de cinq autres de leurs concitoyens. Cette ville devait être pour les Anglais la clef de la France; elle resta entre leurs mains pendant plus de deux siècles, de 1347 à 1558.

Épuisé par une telle lutte, Édouard consentit à signer une **trêve** d'un an, qui fut prolongée d'année en année **jusqu'en 1355**.

Mais aux désastres de la guerre succéda un fléau plus épouvantable encore, **la peste noire**, dite aussi de Florence, qui, venue de l'Orient et après avoir ravagé l'Italie, dépeupla la France (1348), l'Angleterre et l'Allemagne.

Le règne si malheureux de Philippe de Valois avait cependant agrandi le territoire par l'**acquisition du comté de Montpellier et du Dauphiné** (origine du titre de Dauphin à la cour de France).

*2° Jean le Bon et le prince Noir : bataille de Poitiers. —
Ėtats généraux. — La Jacquerie. — Paix de Brétigny
(1350-1364).*

Jean le Bon ou le Brave fut, comme son père, par son
courage aveugle et téméraire, le roi de la chevalerie; pour
la relever, il institua l'**ordre de l'Étoile** (1351).

La guerre de Cent ans recommença en 1355 par l'**invasion
du prince Noir dans le Poitou.**

Elle se compliqua des **intrigues du roi de Navarre, Charles
le Mauvais,** qui comptait sur l'Anglais et sur les malheurs du
royaume pour faire valoir ses prétentions à la couronne, comme
petit-fils, par sa mère. de Louis le Hutin.

Jean le Bon, soutenu par le patriotisme des États généraux,
se saisit d'abord de la personne **du roi de Navarre.**

Puis, à la tête d'une armée de cinquante mille hommes, il
attaqua le prince Noir qui n'en avait que dix mille, mais fortement retranchés sur un plateau élevé, dit le champ de Mauper-
tuis, près de **Poitiers.** Après une lutte désastreuse, abandonné par
une partie de la chevalerie, il est fait prisonnier avec son plus
jeune fils Philippe le Hardi (1356).

Pendant la **captivité du roi,** la France, gouvernée par
le jeune dauphin Charles, fut en proie à des **troubles
intérieurs,** au brigandage des Jacques et des grandes
compagnies.

Les **États généraux** de la langue d'oil furent convoqués à Paris (1356-1358). La bourgeoisie, indignée de la conduite de la
noblesse à Poitiers et dirigée par le prévôt des marchands,
Étienne Marcel, voulut s'emparer du gouvernement.

La résistance du dauphin finit par soulever **le peuple** de Paris,
qui envahit son palais et **massacra** sous ses yeux ses conseillers,
les maréchaux de Champagne et de Normandie. Charles quitta
alors la capitale et transporta les États à Compiègne (1358).

Étienne Marcel, maître de Paris, fit alliance avec le roi de

Navarre ; il voulait lui donner la couronne, et il allait lui ouvrir les portes de la ville, quand il fut **tué** d'un coup de hache **par** l'échevin **Maillart**, du parti du dauphin.

Avec Marcel fut étouffée pour plusieurs siècles la révolution tentée par la bourgeoisie contre la royauté et la noblesse.

Dans le même temps, le peuple des campagnes, **Jacques Bonhomme**, se vengeait cruellement de tant de siècles d'oppression et de misère. Après un moment de panique, la noblesse, secondée par les bourgeois eux-mêmes, eut bientôt raison de cette révolte qui s'appela **la Jacquerie**.

Édouard III avait profité de tous ces troubles pour faire une **nouvelle invasion,** mais il échoua devant **Reims**, où il voulait se faire sacrer, et devant **Paris**. Il consentit alors à signer le **traité de Brétigny (1360) :**

On lui abandonnait le duché d'Aquitaine et le Poitou en toute souveraineté. La France devait payer en outre trois millions d'écus d'or pour la rançon de son roi.

Cette somme ne put être acquittée sur-le-champ : esclave de sa parole de chevalier, **Jean le Bon retourna mourir à Londres.**

Jean le Bon avait donné en apanage à son plus jeune fils, **Philippe le Hardi, le duché de Bourgogne,** devenu vacant par la mort du dernier duc de la descendance du roi Robert. Philippe le Hardi commence ainsi la seconde maison capétienne des ducs de Bourgogne, qui doit finir un siècle après avec Charles le Téméraire.

DEUXIÈME PÉRIODE.

Charles V et Duguesclin.

1364 - 1380.

Les rois chevaliers avaient perdu et ruiné **la France,** elle **se relève** sous le règne de Charles V par la sagesse de ce prince et l'épée de Duguesclin.

Le nouveau règne fut inauguré par la victoire de **Cocherel** en Normandie sur l'armée de Charles le Mauvais, qui se vit enfin obligé de faire sa paix (1364).

Duguesclin passa ensuite en Bretagne, où la guerre durait depuis vingt-trois ans entre les maisons de Blois et de Montfort; là, ce vaillant capitaine fut battu et fait prisonnier à **Auray**.

Mais Charles de Blois ayant été tué dans la bataille, le **traité de Guérande** termina la guerre de la succession de Bretagne au profit de Jean II de Montfort, qui rendit hommage au roi de France (1365).

Les grandes compagnies étaient le fléau de la France pendant la paix plus encore que pendant la guerre. Charles V les envoya combattre **en Espagne**, sous le commandement de Duguesclin, **pour Henri de Transtamare**, qui disputait la couronne de Castille à son frère Pierre le Cruel.

Duguesclin retrouva en Espagne le prince Noir; vaincu et pris à **Navarette** (1367), deux ans après il fut vainqueur à **Montiel**, et dans une lutte corps à corps après la bataille, Pierre le Cruel fut tué par Henri de Transtamare, qui resta maître du trône (1369).

Charles V alors, avec l'alliance du nouveau roi de Castille, **reprit** résolûment **la guerre contre les Anglais.**

Il cite devant son parlement **le vainqueur de Poitiers** pour avoir à répondre de ses exactions dans le duché d'Aquitaine. Celui-ci se jette sur le Limousin, saccage Limoges (1370), mais malade, épuisé, il **va mourir** bientôt **en Angleterre**.

Duguesclin, nommé connétable, est opposé au capitaine anglais Robert Knolles, et, par un **nouveau système de guerre** où la tactique, la ruse, remplacent avec succès la témérité chevaleresque, **les Anglais** sont **chassés de la Normandie, de l'Anjou et du Poitou.**

La victoire navale de **La Rochelle**, remportée par la flotte castillane, facilite la conquête de l'Aunis, de la Saintonge et de l'Angoumois (1372). — Édouard III avant de mourir est réduit à signer la **trêve de Bruges** (1375).

Charles V profita de la minorité de son petit-fils, **Richard II**, pour achever la déroute des Anglais. **Il ne leur resta** bientôt **plus** en France **que Bayonne, Bordeaux et Calais** (1377).

Charles V avait reconquis son royaume, il eut aussi la gloire de lui rendre quelques années de repos et de prospérité par la **sagesse de son administration.**

Ses succès militaires furent dus en partie à l'organisation de son **armée,** qu'il eut le premier la pensée de rendre **permanente** et qu'il soumit à une discipline régulière.

Les besoins de la guerre le forcèrent à augmenter les **impôts,** à les rendre, comme l'armée, **réguliers et permanents,** mais il établit dans les finances un ordre et une économie sévères.

Sa constitution maladive lui faisait craindre pour son fils et pour le royaume les dangers d'une longue minorité; une ordonnance célèbre, qui fut longtemps la loi de la monarchie française, fixa la **majorité des rois à quatorze ans.**

Charles V le Sage ou *le Savant* réunit au Louvre, qu'il avait fait reconstruire, plus de mille manuscrits. Ce fut là l'origine de la **Bibliothèque royale.**

TROISIÈME PÉRIODE.

Désastres du règne de Charles VI. — Les Armagnacs et les Bourguignons. — Avénement des Lancastre. — Bataille d'Azincourt.

1380-1422.

Les craintes de Charles V ne furent que trop justifiées. A sa mort, en 1380, son fils aîné, **Charles VI,** n'avait pas encore atteint sa majorité, et la France fut livrée à l'ambition et à la cupidité de **ses oncles,** les ducs d'Anjou, de Bourgogne, de Berry et de Bourbon.

Partout éclatèrent des révoltes, cruellement réprimées, — à Paris celle des **Maillotins.**

En Flandre aussi, les bourgeois ayant à leur tête Philippe

Arteveld, fils du célèbre Jacques, se soulevèrent contre leur comte Louis de Male. Le duc de Bourgogne, son gendre, vient à son secours avec le jeune roi ; les Flamands sont battus à **Rosebecque (1382)**. — Louis de Male mourut peu après, et **le comté de Flandre** passa **dans la maison de Bourgogne**.

Cependant Charles VI, mieux inspiré, rappela autour de lui les sages conseillers de son père, gens de petit état, que les princes dans leur dépit appelaient **les Marmousets**. Le plus influent d'entre eux, le connétable **Olivier de Clisson**, fut attaqué, comme il sortait du palais du roi, et laissé pour mort sur la place.

Charles VI poursuivit l'assassin, Pierre de Craon, jusque chez le duc de Bretagne qui lui avait donné asile. En traversant **la forêt du Mans**, sur le coup d'une apparition mystérieuse, il fut frappé subitement d'un accès de fièvre chaude, et il perdit la raison pour toujours (1392).

La France retomba alors entre les mains des oncles du roi et particulièrement du duc de Bourgogne, **Philippe le Hardi**.

A la mort de ce prince (1404), son fils, **Jean sans Peur**, pour s'assurer le pouvoir, fit assassiner le frère du roi, **Louis d'Orléans**. Ce crime fut l'origine des deux partis des **Bourguignons et des Armagnacs**, ce dernier ainsi nommé parce qu'il eut pour chef Bernard, comte d'Armagnac, qui avait marié sa fille à l'aîné des fils de Louis d'Orléans.

Ces deux factions se disputèrent la France jusqu'à la fin du règne de Charles VI, et mêlèrent leurs discordes sanglantes aux malheurs de la guerre de Cent ans.

Cette guerre avait été suspendue pendant la plus grande partie du règne de Charles VI (1380-1413), par suite des **révolutions qui** dans le même temps **agitaient l'Angleterre**.

La minorité de **Richard II** avait été aussi troublée par l'ambition de ses oncles, les prédications de Wicleff et la révolte du forgeron Wat-Tyler. Maître enfin du pouvoir, ce jeune prince avait signé avec Charles VI une **trêve de 28 ans**, et il avait même épousé sa fille (1396).

Cette alliance avec la France devait achever de le perdre :

Henri de Lancastre, son cousin, petit-fils comme lui d'Édouard III, le fit déposer par le parlement et bientôt après assassiner pour régner à sa place (1399).

Henri IV de Lancastre confirma la trêve avec la France, mais son fils **Henri V** (1413) vit dans nos discordes une occasion favorable pour **recommencer la guerre et relever sa famille par ses succès sur le continent.**

Il débarqua à l'embouchure de la Seine, s'empara d'Harfleur, et comme il cherchait à gagner Calais pour prendre ses quartiers d'hiver, la chevalerie française voulut lui couper la route à **Azincourt.** Entassée entre deux bois, dans une plaine marécageuse, elle subit un désastre plus cruel encore que ceux de Crécy et de Poitiers (1415).

La responsabilité de la défaite retomba sur les Armagnacs qui avaient alors le pouvoir. Leur chef se fit donner l'épée de connétable et maintint encore quelque temps l'influence de son parti par un redoublement de cruauté. Mais les Bourguignons avaient pour eux, dans Paris, la populace dirigée par l'écorcheur **Caboche;** une conspiration leur ouvrit les portes de la ville, et leur retour fut signalé par le **massacre** du connétable et de plus **de deux mille Armagnacs** (1418).

Cependant **les Anglais** poursuivant leurs succès avaient reconquis la plus grande partie de la Normandie ; en 1419 ils **prirent Rouen.**

La France demandait aux partis de se réconcilier pour faire face à l'ennemi. Une **entrevue** eut lieu **au pont de Montereau** entre le duc de Bourgogne et le dauphin Charles, autour duquel s'étaient ralliés les Armagnacs. **Jean sans Peur y fut tué** d'un coup de hache par un des conseillers du jeune prince, Tanneguy Duchâtel.

Son fils, **Philippe le Bon,** le vengea en livrant la France aux Anglais. D'accord avec la reine **Isabeau de Bavière,** il fit signer à Charles VI le **traité de Troyes,** par lequel ce pauvre fou donnait sa fille Catherine en mariage à Henri V, avec le titre de régent, et le reconnaissait pour son héritier à l'exclusion du dauphin (1420).

Henri V mourut à Vincennes quelque temps avant Charles VI

(1422), laissant à son fils, qu'il avait eu de Catherine de France, deux couronnes que ce malheureux prince devait perdre l'une après l'autre.

QUATRIÈME PÉRIODE.

Charles VII et Henri VI : Jeanne d'Arc. Expulsion des Anglais.

1422-1453.

Henri VI de Lancastre fut proclamé au berceau **roi d'Angleterre et de France,** sous la tutelle des ducs de Glocester et de Bedford. Les Anglais, forts de l'alliance du duc de Bourgogne, étaient maîtres en effet de la plus grande partie de la France. **Le dauphin Charles** ou *le roi de Bourges,* comme on appelait Charles VII, était réduit à quelques provinces au sud de la Loire.

Cependant *il perdait gaiement son royaume* au milieu des fêtes, tandis que de braves capitaines tels que La Hire, Xaintrailles, Dunois, le connétable Stuart, renforcés par quelques troupes écossaises, se faisaient battre pour sa cause à **Crevant** sur Yonne (1423) et à **Verneuil** (1424).

Orléans, le chef du Midi, **assiégé** par les Anglais (12 octobre 1428), allait tomber en leur pouvoir, lorsque Jeanne d'Arc parut pour le délivrer.

Jeanne d'Arc était née en 1409 au village **de Domremy,** près de Vaucouleurs. Son enfance et sa jeunesse se passèrent au milieu des champs, où elle conduisait les troupeaux. L'imagination exaltée par les misères et la honte de cette longue guerre, elle entendit une voix céleste qui lui ordonnait d'aller sauver la France et son roi.

Elle vient trouver Charles VII à Chinon (24 février 1429. Elle pénètre dans **Orléans** à travers le camp des Anglais (20 avril); dix jours après, la ville est **délivrée** (8 mai).

Elle enlève encore **Beaugency,** bat et fait prisonnier Talbot à

Patay et conduit le roi jusqu'à **Reims** où il est sacré (17 juillet).

Jeanne d'Arc avait accompli sa mission ; on la retint malgré ses instances, mais elle perdit confiance en elle-même : elle échoua devant **Paris**, et, en défendant **Compiègne**, elle tomba entre les mains des **Bourguignons qui la vendirent aux Anglais** (24 mai 1430).

Conduite à **Rouen**, elle y fut jugée comme sorcière et hérétique par un tribunal ecclésiastique que présidait l'évêque de Beauvais, et après avoir subi avec un courage et une présence d'esprit admirables les tortures d'un long et infâme procès, elle fut brûlée vive, **le 30 mai 1431**.

Mais Jeanne d'Arc, par son impulsion héroïque, avait réveillé en France le sentiment national ; **le roi lui-même** sortit de son indolence. Habilement **secondé par** le connétable de **Richemont**, frère du duc de Bretagne, il **poursuivit la déroute des Anglais**, que précipita encore sa réconciliation avec le duc de Bourgogne.

Par le **traité d'Arras**, Philippe le Bon reconnaît Charles VII pour roi légitime, mais en lui imposant, entre autres conditions, l'abandon de l'Auxerrois, du Mâconnais et des villes de la Somme (1435).

Charles VII rentre bientôt **dans sa capitale** (1437); les Anglais sont chassés de l'Ile-de-France, de l'Anjou, du Poitou.

Henri VI, livré à sa faiblesse par la mort du duc de Bedford, signe la **trêve de Tours** (1444-1449) et épouse une princesse française, **Marguerite d'Anjou**, fille du roi René ; ce mariage coûta à l'Angleterre le comté du Maine qui fut rendu à la maison d'Anjou.

Cependant les Anglais occupaient encore deux de nos plus belles provinces, la Normandie et la Guyenne ; la guerre recommence en 1449 et ils en sont chassés par les victoires de **Formigny** (1450) **et de Castillon** (1453).

La guerre de Cent ans était finie ; de toutes leurs conquêtes en France, **il ne restait plus aux Anglais que Calais**.

N° XV.

Revue sommaire de l'état général de l'Europe à la fin du moyen âge,
le grand schisme d'Occident; les Turcs à Constantinople.

Le dernier siècle de l'histoire du moyen âge, qui finit
en 1453, est signalé par **trois grands faits : la guerre
de Cent ans** entre la France et l'Angleterre, **le grand
schisme** d'Occident et **la chute de l'empire grec.**

PREMIÈRE QUESTION.

Le grand schisme d'Occident.

1378-1448.

La translation du **saint-siége à Avignon** par Clément V, en 1309, marque la défaite de la papauté dans la
lutte qu'elle avait engagée au moyen âge contre le pouvoir
temporel. Ce séjour de soixante-dix ans, que les Italiens
appelèrent *la captivité de Babylone,* faillit entraîner la
perte de l'autorité des papes dans Rome, soulevée à la voix
du tribun **Rienzi,** l'ami de Pétrarque (1347).

Ce fut aussi le commencement de discordes intérieures
dans l'Église et l'origine du grand schisme d'Occident.

En 1378, le parti italien, voulant affranchir la papauté de la
domination française, nomma **un pape italien, Urbain VI,** qui rétablit le saint-siége à Rome. Alors **les cardinaux français se prononcèrent pour** un pape de leur nation, **Clément VII,** qui continua la résidence à Avignon. Toute la chrétienté se partagea
entre ces deux papes, et le schisme, perpétué par leurs successeurs, dura de 1378 à 1449.

L'Église, affaiblie par ses divisions, compromise par les abus,
vit s'élever contre elle les **hérésies de Wicleff** en Angleterre
(1360-1394), **de Jean Huss** en Bohème, les précurseurs de Luther
et de Calvin.

Le concile de Constance, convoqué en **1414**, fit comparaître Jean Huss et son disciple Jérôme de Prague, et les envoya au bûcher, malgré le sauf-conduit de l'empereur Sigismond. S'il put terminer le schisme pour quelques années, tous ses **efforts furent impuissants pour réformer l'Église**. Les décrets inspirés par le sage et savant **Gerson**, chancelier de l'Université de Paris, auteur de l'Imitation de Jésus-Christ, furent éludés par la papauté.

Le concile de Bâle, convoqué en **1431**, ne fut pas plus heureux. Deux fois **dissous par le pape**, il le déposa et **le schisme** recommença.

Il **finit** cependant **en 1448** par l'abdication de **Félix V** de Savoie, en faveur de Nicolas V.

DEUXIÈME QUESTION.

Les Turcs à Constantinople.

En 1294, le chef d'une horde de Turcomans, nommé **Othman**, jeta dans l'Asie Mineure, sur les ruines de l'empire Seldjoucide, les premiers fondements de l'empire des Turcs-ottomans.

Son successeur, **Orkhan**, institua la milice des **janissaires** (nouveaux soldats). Profitant de l'impuissance des empereurs grecs misérablement occupés de querelles théologiques, il franchit le détroit des Dardanelles et **s'établit à Gallipoli** (1356).

Amurath Ier fait d'**Andrinople sa capitale** (1360), et porte ses armes victorieuses jusqu'au Danube : bataille de **Cassovie** (1389).

Bajazet Ier, surnommé l'Éclair, détruit à **Nicopolis** une armée chrétienne, véritable croisade à laquelle s'était associée la chevalerie française avec Jean sans Peur, fils du duc de Bourgogne (1396).

Cependant les progrès des Turcs sont quelque temps arrêtés par une nouvelle irruption des **Mongols sous** la conduite de **Tamerlan** (Timour Lenk, Timour le Boiteux). Bajazet voulut préserver son empire d'Asie de ces épouvantables dévastations, mais il fut battu à **Ancyre** (1402), et mourut peu après prisonnier de son vainqueur.

Malgré les efforts héroïques de **Jean Huniade**, prince de Transylvanie, et d'un petit seigneur d'Albanie, George Castriot, fameux sous le nom de **Scanderberg**, le sultan **Amurath II**, vainqueur à **Varna** du roi de Pologne et de Hongrie, Ladislas (1444), était maître à sa mort de la péninsule presque entière, depuis l'Archipel jusqu'au Danube.

Son fils, **Mahomet II**, s'empara de **Constantinople en 1453**, et le dernier empereur grec, Constantin XII, Dracosès, fut tué en défendant sa capitale.

TROISIÈME QUESTION.

Revue sommaire de l'état général de l'Europe à la fin du moyen âge.

La guerre de Cent ans nous a fait connaître la France et l'Angleterre à la fin du moyen âge ; nous allons passer rapidement en revue l'histoire des autres États de l'Europe pendant la même période.

1° Espagne.

Les Maures conservaient encore le petit **royaume de Grenade** à l'extrémité méridionale de la péninsule, et **les États chrétiens** agités par des discordes intérieures, comme la Castille, ou tournés vers la mer, comme l'Aragon et le Portugal, **avaient suspendu** pour ainsi dire la **croisade**.

En Castille, Alphonse X, surnommé le **Sage** ou le Savant (1252-1282), celui qui publia le code des siete partidas (en six parties), était allé en Allemagne conquérir la couronne impériale, et pendant ce temps sa nation attaquée par les Maures le déclarait déchu du trône, et mettait à sa place son second fils, **Sanche le Brave** (1282).

Un siècle après environ, la Castille fut déchirée par la lutte de **Pierre le Cruel** contre son frère naturel, **Henri de Transta-**

mare, qui resta maître du royaume par un fratricide et avec l'appui de Duguesclin (1369).

Le pouvoir royal compromis par ces discordes, dominé par les grands, tombera, comme nous le verrons, dans le dernier avilissement avec **Henri IV**, en 1454.

En Aragon, la glorieuse **maison de Barcelone**, qui gouverna ce royaume de 1162 à 1410, lui prépara la domination de la Méditerranée par la soumission des **Baléares** avec don Jayme I, Conquistador, en 1235, par l'acquisition de la **Sicile**, sous Pierre III, après les Vêpres Siciliennes en 1282, et bientôt de la **Sardaigne**, après la ruine de Pise.

Alphonse V, le Magnanime, ajouta encore à cette puissante monarchie le royaume de **Naples**, par le testament de Jeanne II, dernière reine de la maison d'Anjou (1435).

Le petit royaume de Navarre, toujours confiné au pied des Pyrénées, était gouverné par des maisons françaises : la **maison de Champagne** avec Thibaut, le Trouvère, en 1434, la maison royale de France elle-même sous Philippe le Bel, qui avait épousé la petite-fille de Thibaut, enfin la **maison d'Évreux** avec Jeanne, fille de Louis le Hutin, en 1328.

Le Portugal, enveloppé du côté du continent par la Castille, se lançait déjà sur l'Océan et commençait les grandes **découvertes maritimes** du XVe siècle par la découverte de Madère en 1418.

Malgré cette division en plusieurs États, un même esprit, l'esprit des croisades, avait animé toute l'Espagne au moyen âge, avait rapproché toutes les classes et donné à tous, au peuple comme aux grands, ces sentiments de fierté et de liberté qui sont restés le fond du caractère national. Nulle part la **royauté** ne fut plus **limitée** par les priviléges de la nation : assemblées nationales ou **cortès**, **fueros** ou chartes communales, et même **en Aragon, le grand justicier**, dont l'autorité dominait et surveillait celle du roi.

2° *Italie.*

L'Italie s'était affranchie au xiiie siècle de la domination allemande, après une lutte mémorable à laquelle s'était associée la papauté; mais cette liberté qu'elle avait su conquérir par l'union, elle la perdit bientôt par les **discordes intérieures.** On vit reparaître les noms de **Guelfes** et de **Gibelins**, désignant cette fois la démocratie et l'aristocratie, qui se disputaient partout le pouvoir.

Les nombreuses et puissantes **républiques** qui s'étaient formées dans le nord **se donnèrent** ou subirent **des maîtres** soutenus par ces armées de **condottières,** qui furent si longtemps le fléau de ce pays, comme en France les grandes compagnies.

A Milan et sur toute la contrée entre la Sésia et l'Oglio, s'établit, en 1295, la **maison des Visconti.** Un siècle après, Jean Galéas Visconti achète à l'empereur le titre de duc.

De même **à Mantoue, la maison de Gonzague,** en 1328; **à Ferrare** et à Modène, **la maison d'Est.**

Quelques républiques réussirent cependant à conserver leur liberté; les plus remarquables furent Venise, Gênes et Florence.

Venise, qui établit sa domination maritime au temps des croisades, dut sa tranquillité et sa grandeur à sa **constitution aristocratique.** Le pouvoir appartenait au conseil des Dix et à un sénat de 400 membres dont les familles étaient inscrites **au Livre d'or.**

Gênes était dans toute sa prospérité à la fin du xiiie siècle, après la chute de l'empire latin de Constantinople : elle **dispute à Venise** la suprématie dans **l'Orient;** elle détruit la force maritime de **Pise** à la bataille de **la Meloria** (1284) et s'empare de la Corse. Mais elle ne sut pas comme Venise se préserver des discordes, et elle en fut réduite à se placer elle-même sous une **domination étrangère,** d'abord celle du roi de France, Charles VI, puis des ducs de Milan en 1421.

Florence fut aussi longtemps agitée par les querelles des nobles et du peuple, qui causèrent l'exil du Dante et de Pétrarque. Elle n'en sortit qu'aux dépens de sa liberté ; **les Médicis,** riche famille de marchands, se rendirent maîtres du pouvoir (1378), sous le titre de Gonfaloniers, en s'appuyant sur le parti populaire, et ils surent le conserver par leurs bienfaits et la gloire de leur gouvernement. **Jean de Médicis** fut appelé le père des pauvres ; **Cosme de Médicis,** le père de la patrie (1429-1464).

Florence étendit sa domination sur toutes les autres républiques de la Toscane, Pistoïa, Arezzo, **Pise** elle-même, en 1406, victime de ses divisions (**Ugolin,** 1288).

Au centre de l'Italie, outre la Toscane, on trouvait les **États de l'Église,** Rome, abandonnée par les papes pendant soixante-dix ans, et réveillée un instant par l'esprit de liberté à la voix de Rienzi.

Au sud, dans le **royaume de Naples,** était établie la **maison** française **d'Anjou,** qui s'en était emparée en 1268 sur la maison de Souabe.

Elle perdit la Sicile à la suite des **Vêpres Siciliennes** en 1284, mais elle régna à Naples près de deux siècles, jusqu'en 1435. Elle finit avec **Jeanne II,** qui **adopta** pour héritier **Alphonse V,** le Magnanime, roi **d'Aragon.**

3° *Allemagne.* — *Affranchissement de la Suisse.*

La chute de la maison de Souabe, après la mort de Frédéric II, avait été suivie de vingt-trois ans d'anarchie, qu'on appelle **le grand interrègne** (1250-1273).

La couronne impériale fut disputée par de nombreux prétendants, au nombre desquels on vit des étrangers tels que **Alphonse X,** roi **de Castille,** et **Richard de Cornouailles,** fils de Jean sans Terre.

C'est à cette époque que se constituèrent les ligues des villes allemandes dans le but de protéger leur commerce contre les brigandages des seigneurs ou contre les pirates de la Baltique. **La ligue des villes du Rhin** et **la ligue hanséatique,** à la tête de laquelle était Lubeck, devinrent à la fin du moyen âge de véritables puissances politiques.

Le grand interrègne finit en 1273 par l'élection d'un petit seigneur de Souabe, **Rodolphe de Habsbourg**, qui sut par son énergie et son habileté rétablir l'ordre et relever l'autorité impériale.

Le roi de Bohême, Ottocar, qui lui refusait hommage, fut vaincu et tué à Markfeld, et les duchés d'Autriche, de Styrie et de Carniole, qui faisaient partie de son héritage, furent donnés par Rodolphe à son fils aîné Albert. Ainsi commença la grandeur de la **maison de Habsbourg-Autriche**.

A la mort de Rodolphe (1291), les seigneurs allemands, la trouvant déjà trop puissante, donnèrent la couronne à **Adolphe de Nassau**, mais ce prince n'était pas capable de la conserver contre un rival tel qu'**Albert d'Autriche**.

Sous Albert Ier, empereur en 1298, commence la **lutte héroïque des Suisses contre les ducs d'Autriche**, qui voulaient abuser de leur force pour imposer à ces pauvres montagnards la domination la plus tyrannique (le bailli autrichien Gessler, légende de **Guillaume Tell**).

Les trois petits cantons de Schwitz, d'Uri et d'Unterwald, se mettent à la tête de la résistance. Trois de leurs citoyens, Stauffacher, Walter Furst et Arnold de Melchthal, chacun avec dix de leurs amis, forment en 1307 la **conjuration du Rutli**. Albert d'Autriche marche contre eux; il est tué au passage de la Reuss par son neveu Jean de Souabe.

Son fils Léopold est battu à **Morgarten** (1315). Les trois cantons fondateurs renouvellent leur **ligue à Brunnen**, et elle se fortifie bientôt par l'accession de Lucerne, Zurich, Glaris, Zug et Berne (1332-1353).

Cependant les ducs d'Autriche n'avaient pas renoncé à leurs prétentions. Deux nouvelles victoires, **Sempach**, illustrée par le dévouement d'Arnold de Winkelried (1386), et **Nœfels** (1388), assurèrent l'indépendance des Suisses, dont la confédération resta limitée jusqu'à la fin du moyen âge à ces huit premiers cantons.

A la mort d'Albert Ier d'Autriche, les électeurs avaient écarté de nouveau sa maison et porté leur choix sur **Henri VII de Luxembourg** (1308), dont les descendants, Charles IV, Wenceslas et Sigismond, occupèrent le trône impérial, presque sans interruption, pendant plus d'un siècle.

La maison de Luxembourg arrivait pauvre à l'empire, mais dès le règne de Henri VII elle s'agrandit par le mariage de son fils **Jean l'Aveugle** avec l'héritière de la **couronne de Bohême**, et elle se montra généralement plus occupée d'étendre ses domaines héréditaires que de défendre l'autorité impériale.

Charles IV, fils de Jean l'Aveugle, élu empereur en 1347, à la mort de Louis de Bavière, fixa la constitution de l'empire par la fameuse **Bulle d'or** de 1356 qui consacrait avant tout le droit héréditaire des électeurs. Ils étaient au nombre de sept : trois ecclésiastiques, les archevêques de Mayence, de Cologne et de Trèves; quatre laïques, le roi de Bohême, le comte Palatin, le duc de Saxe et le margrave de Brandebourg.

La dignité impériale abaissée par Charles IV fut avilie par son fils **Wenceslas, l'Ivrogne**, qui fut enfin déposé par ses sujets de Bohême et d'Allemagne (1400).

Après le règne sans importance de **Robert de Bavière**, la couronne revint à la maison de Luxembourg, dans la personne de **Sigismond**, frère de Wenceslas (1410), déjà roi de Hongrie et électeur de Brandebourg.

Avec toute sa puissance, il ne put dompter la **révolte des Hussites**, qui éclata en Bohême après le supplice de Jean Huss et de Jérôme de Prague, au concile de Constance (1415). Sous la conduite de **Jean Ziska**, puis de **Procope**, les sectaires battirent plus d'une fois les armées impériales, et Sigismond ne put se faire reconnaître roi de Bohême qu'en leur accordant, par la **pacification d'Iglau**, une partie des libertés religieuses qu'ils réclamaient.

La maison de Luxembourg s'éteint avec Sigismond en 1438; **la maison d'Autriche avec Albert II**, son gendre, **remonte sur le trône impérial** pour ne plus le quitter jusqu'à nos jours. Albert II mourut l'année suivante, et les électeurs lui donnèrent pour successeur son cousin , **Frédéric III**, de Styrie, le dernier empereur qui soit allé se faire couronner à Rome, en 1452.

4° *États scandinaves et slaves.*

Les États du Nord et de l'Est, qu'on désigne généralement sous les noms d'États scandinaves et d'États slaves, étaient encore et pour longtemps en dehors du mouvement européen.

Les trois royaumes scandinaves, Danemark, Suède et Norvége, après avoir été longtemps agités par des troubles intérieurs, furent réunis, en 1397, sous la main de Marguerite de Waldemar, par la fameuse **Union de Calmar.** Mais, en 1448, la Suède rompit l'union et se donna des rois nationaux.

Le plus important des États slaves était la Pologne. L'avénement des **Jagellons** en 1386, après l'extinction de la dynastie des Piasts, ajouta à ce royaume le grand-duché de Lithuanie. Les rois de Pologne furent alors assez puissants pour arrêter les progrès de **l'ordre Teutonique** (Traité de Thorn, 1466).

La Russie avait commencé en 862 avec le pirate normand Rurik. Kiew, Wladimir, **Moscou** (1328), avaient été successivement les capitales de ce grand duché; mais ses princes restèrent pendant tout le moyen âge tributaires des Tartares de **la horde d'Or**, établis sur les bords du Don et du Volga.

Dans le bassin inférieur du Danube, au milieu d'un mélange de nationalités diverses, Avares, Bulgares, Slaves, Magyares, Roumains, qui devaient passer la plupart au xvᵉ siècle sous le joug des Turcs, il faut signaler le **royaume de Hongrie**. Il fut longtemps le boulevard de la chrétienté, sous des héros tels que **Jean Huniade**, prince de Transylvanie, et **Mathias Corvin**, son fils, qui dut la couronne à ses exploits. Mais dès le commencement des temps modernes, nous verrons la Hongrie absorbée par la maison d'Autriche.

N° XVI.

Ruine de la féodalité, et triomphe du pouvoir royal dans la plupart des États européens, durant la seconde moitié du xve siècle : Louis XI, Henri VII, Ferdinand le Catholique.

Au xve siècle, on voit disparaître dans presque tous les États de l'Europe les libertés féodales et communales du moyen âge. Le **besoin d'ordre et de sécurité** favorise la **centralisation au profit de la royauté,** qui arrive au pouvoir absolu sur les ruines de la féodalité : en France avec Charles VII et Louis XI ; en Angleterre avec Henri VII Tudor, à la suite de la guerre des Deux-Roses ; en Espagne avec Ferdinand le Catholique et Isabelle.

PREMIÈRE QUESTION.

Progrès de la royauté en France à la fin du règne de Charles VII et sous Louis XI. — Charles VIII.

1438-1494.

1° *Réformes de Charles VII.*

La guerre de Cent ans et les troubles intérieurs du règne de Charles VI avaient désolé et épuisé la France, l'autorité royale était annulée, le peuple livré à l'avidité des seigneurs et à la licence des gens de guerre. Dès que Charles VII eut reconquis son royaume, il s'occupa avec zèle d'y rétablir l'ordre et de relever son pouvoir, il fit appel à la nation, et les **États généraux d'Orléans** donnèrent leur assentiment à ses réformes (1439).

1° Il licencie les grandes compagnies et leur substitue une **armée permanente** composée de quinze compagnies d'ordonnance (1445), et des francs archers (1448).

La solde des compagnies d'ordonnance est assurée par l'établissement de la **taille perpétuelle**.

La féodalité protesta par une révolte qu'on nomma **Praguerie** (1441-1442). Les seigneurs mirent en avant le jeune dauphin Louis, mais l'insurrection fut facilement étouffée, et Charles VII se débarrassa des bandes mercenaires en les envoyant combattre les Suisses, qui en tuèrent vingt mille à **la bataille de Saint-Jacques** (1443).

2° Charles VII rétablit la justice royale, et la met à la portée des provinces du Midi par la création du **parlement de Toulouse** (1443). Les plus redoutés des seigneurs féodaux sont châtiés pour leurs crimes et leurs trahisons (**Procès des comtes d'Armagnacs et d'Alençon**).

3° **La pragmatique sanction de Bourges** rétablit l'indépendance de l'Église de France et réprime les empiétements de la cour de Rome, suivant l'esprit des conciles de Constance et de Bâle. Elle enlève au pape les annates et la collation des bénéfices, et consacre de nouveau la liberté des élections ecclésiastiques (1438).

Charles VII partage l'honneur de ses réformes avec d'habiles conseillers tels que **Jacques Cœur**, son argentier, et **Jean Bureau**, grand-maître de l'artillerie.

2° *Louis XI. — Charles le Téméraire*
(1461-1483).

Charles VII avait raffermi le pouvoir royal, Louis XI le rendit presque absolu; ses efforts constants et précipités pour arriver à ce but déterminèrent **trois ligues féodales** dont l'âme fut **Charles le Téméraire**, fils de Philippe le Bon, duc de Bourgogne, l'homme du moyen âge, de la force brutale, tandis que Louis XI représentait l'esprit moderne.

La première ligue, dite **du Bien public,** fut provoquée par la disgrâce des ministres de Charles VII, l'abolition de la Pragmatique sanction, l'augmentation des impôts, le rachat des villes de la Somme et tout un système de mesures vexatoires pour la noblesse. Elle eut pour chefs Charles le Téméraire, alors **comte de Charolais**, les **ducs de Bretagne, de Bourbon, et le duo de Berry**, frère du roi (1465).

Après une bataille indécise à **Montlhéry** entre Louis XI et Charles le Téméraire, les princes se réunirent devant Paris, et, pour dissiper leur ligue, le roi s'engagea, par les **traités de Conflans et de Saint-Maur**, à rendre au duc de Bourgogne les villes de la Somme et à donner à son frère le duché de Normandie.

Il reprend à ce dernier cette province avant même qu'il y soit établi, et fait approuver cette violation des traités par les **États généraux de Tours** (1468). Ce fut la cause d'une **seconde ligue** dans laquelle Charles le Téméraire, devenu duc de Bourgogne par la mort de Philippe le Bon, apportait toutes les forces de sa maison.

Louis XI s'empresse d'abord de faire une paix particulière avec le duc de Bretagne, à **Ancenis**, puis il demande une entrevue au duc de Bourgogne. Furieux de la révolte des Liégeois, celui-ci lui fait signer le **traité de Péronne**, par lequel il promet à son frère la Champagne (1468).

Sorti des mains de son rival, Louis XI donna à son frère la Guyenne au lieu de la Champagne, et réunit à Tours une **Assemblée de notables**, sur le vœu desquels il cassa le traité de Péronne; il provoqua ainsi une **troisième ligue**, à laquelle **Jean II, roi d'Aragon**, et **Édouard IV d'York**, roi d'Angleterre, promirent leur appui (1470).

Sous le prétexte de venger la mort du duc de Guyenne, dont il accusait Louis XI, Charles le Téméraire met la Picardie à feu et à sang, mais, arrêté devant **Beauvais** par **Jeanne Hachette**, il signe la **trêve de Senlis** (1473).

Son ambition le portait déjà vers l'Allemagne; il va perdre son temps et une armée au siége de Neuss, tandis que ses alliés, les rois d'Aragon et d'Angleterre, sont engagés contre Louis XI. Celui-ci reprend le Roussillon sur Jean II et saccage **Perpignan**; il revient sur Édouard, qui avait débarqué à Calais, et lui achète la paix par le **traité de Picquigny**. Charles le Téméraire est alors réduit à signer la **trêve de Soleure** (1475).

Dès ce moment, Charles le Téméraire n'est plus à craindre pour Louis XI; il va se perdre dans une **guerre contre la Lorraine et contre les Suisses.**

Il s'empare des États du jeune duc de Lorraine, René, mais, vaincu par les Suisses à **Granson** et à **Morat** (1476), il périt devant **Nancy**, le 5 janvier 1477.

Louis XI alors démembre la **succession de Bourgogne** en s'emparant des villes de la Somme, de l'Artois, de la Bourgogne et de la Franche-Comté.

Marie de Bourgogne, fille de Charles le Téméraire et son unique héritière, **épouse Maximilien d'Autriche :** origine de la rivalité entre les maisons de France et d'Autriche.

Maximilien se met à la tête des armées de sa femme, et bat les Français à **Guinegate** (1479). Mais après la mort de Marie, par le **traité d'Arras,** il abandonne à Louis XI le duché de Bourgogne et les villes de la Somme en toute souveraineté, la Franche-Comté et l'Artois comme dot de Marguerite de Bourgogne, sa fille, qui devait épouser le dauphin de France (1482).

Louis XI mourut l'année suivante (1483), au château du Plessis-les-Tours. — Aucun roi n'a plus contribué à **constituer** en France **l'unité territoriale et l'unité monarchique :**

1° **Par l'acquisition de huit provinces :** Bourgogne, Franche-Comté, Picardie et Artois; — Anjou, Maine et Provence, par le testament du roi René en 1482; — Roussillon.

2° **Par l'abaissement de la noblesse :** extinction des deux plus puissantes maisons féodales; — châtiment des petits seigneurs, Armagnac (1473), Saint-Pol (1475), Nemours (1477).— A l'exception de Philippe de Comines, qui fut notre premier historien, Louis XI prit parmi les roturiers ses plus intimes conseillers : Olivier-Ledaim, Tristan l'Hermite, la Balue, etc.

3° **En relevant et en étendant la justice royale :** inamovibilité des juges;— établissement des trois parlements de Grenoble (1451), de Bordeaux (1462) et de Dijon (1477).

4° **En augmentant la force militaire** créée par Charles VII, qui fut élevée jusqu'à 50,000 hommes.

5° **En établissant une police active et sévère** par tout le royaume. — Institution de la poste royale.

6° **Par le développement du commerce et de l'industrie,** ce qui permettait de lever sur le peuple 4,700,000 fr. d'impôts. — Trêves marchandes de Picquigny et de Soleure; — plantations de mûriers, et manufactures de soieries à Tours; — ordonnance qui permet aux nobles de faire le commerce sans déroger.

3° *Charles VIII jusqu'à l'expédition d'Italie; Anne de Beaujeu (1483-1494).*

Louis XI laissait la couronne à un enfant de quatorze ans, **Charles VIII**, mais par son testament il remettait le gouvernement à sa fille aînée, **Anne de Beaujeu,** *vraie image en tout de son père.*

Les prétentions de Louis d'Orléans la forcèrent à convoquer les **États généraux à Tours** (1484). Ils se plaignirent de la tyrannie de Louis XI, remplacèrent la taille par un don gratuit, et demandèrent à être convoqués tous les deux ans pour voter les impôts. Ils laissèrent d'ailleurs l'autorité à Anne de Beaujeu, en la chargeant de la garde et de l'éducation du roi.

Le duc d'Orléans alors renouvelle l'ancienne **ligue féodale** avec le duc de Bretagne, Maximilien d'Autriche, les ducs de Lorraine et les seigneurs du Midi. Mais il est battu et fait prisonnier à **Saint-Aubin du Cormier (1488)**, et le **mariage de Charles VIII avec Anne,** duchesse de **Bretagne (1491)**, prépare la réunion à la France de cette province importante, si souvent le foyer des révoltes féodales.

Cependant Henri VII d'Angleterre, Maximilien d'Autriche, dont Charles VIII devait épouser la fille, et Ferdinand le Catholique, avaient profité de la guerre civile pour attaquer la France. Le jeune roi, qui s'était affranchi des sages conseils de sa sœur et qu'une folle ambition entraînait vers l'Italie, accorde tout à ses ennemis : par les **traités d'Étaples, de Senlis et de Narbonne** (1492 et 1493), il donne de l'argent à Henri VII, il rend la Franche-Comté et l'Artois à Maximilien, le Roussillon à Ferdinand le Catholique.

Guerre des Deux-Roses en Angleterre. Avénement des Tudors.

1453-1485.

A peine sortie de la guerre de Cent ans, l'Angleterre est déchirée par la guerre des Deux-Roses, entre les deux maisons de Lancastre (**Rose rouge**) et d'York (**Rose blanche**).

Cette guerre a pour origine l'usurpation de la couronne, en 1399, par **Henri IV de Lancastre**, descendant **du troisième fils d'Édouard III. Henri VI** (1422), fils du vainqueur d'Azincourt, s'étant aliéné la nation par ses revers sur le continent, surtout par son mariage avec une princesse française, Marguerite d'Anjou, **Richard, duc d'York**, descendant par **sa mère du second fils d'Édouard III**, du quatrième par son père, songea à revendiquer ses droits au trône.

Pendant une de ces maladies mentales fréquentes chez Henri VI, **Richard d'York** se fait nommer **protecteur** du royaume ; avec l'appui du comte de **Warwick**, *le Faiseur de rois*, il bat l'armée royale à **Saint-Albans** (1455). Cinq ans après, vainqueur de nouveau à **Northampton**, il est déclaré héritier légitime par le parlement.

Mais **Marguerite d'Anjou**, prenant en main la défense de son mari et de son fils, réunit la noblesse restée fidèle ; elle triomphe à **Wakefield**, Richard d'York est tué dans la bataille (1460).

Elle triomphe encore à **Saint-Albans** (1461). Warwick n'en fait pas moins proclamer dans Londres, par le peuple et par le parlement, le fils aîné de Richard d'York, sous le nom d'**Édouard IV** (1461), et la sanglante journée de **Towton** affermit sa couronne.

Marguerite d'Anjou, inébranlable dans sa constance, va demander partout des secours, en Écosse, en France à Louis XI ; mais vaincue une seconde fois à **Hexham** (1463), elle est réduite à chercher un refuge auprès de son père René de Provence, tandis que son mari reste prisonnier à la Tour de Londres.

Cependant le comte de **Warwick**, blessé dans son orgueil par son protégé, se fit tout à coup le **défenseur de la Rose rouge;** il rétablit Henri VI et força Édouard IV, par la défaite de **Nottingham**, à quitter l'Angleterre (1470).

Après quelques mois d'exil dans les États de son beau-frère, Charles le Téméraire, Édouard reparaît à la tête d'une armée; Warwick succombe à **Barnet**, et Marguerite d'Anjou, qui accourait pleine d'espérance, est battue aussi à **Tewkesbury** (1471).

Son fils, le prince de Galles, est égorgé après la bataille; son mari, le malheureux Henri VI, a le même sort, et, prisonnière elle-même aux mains de ses ennemis, elle ne retrouve la liberté qu'après l'expédition d'Édouard IV en France, au **traité de Picquigny** (1475).

Le triomphe de la Rose blanche semblait assuré, et Édouard IV ne fut plus troublé dans sa vie de débauches que par l'ambition de son frère, **le duc de Clarence,** qu'il fit noyer dans un tonneau de vin de Malvoisie.

Il mourut en 1483. Ses deux jeunes enfants, **Édouard V** et le duc d'York, furent étouffés dans la tour de Londres, par ordre de leur oncle, le duc de Glocester, qui prit la couronne sous le nom de **Richard III.**

Cet horrible crime ne resta pas longtemps impuni. **Henri Tudor,** comte de Richmond, descendant des Lancastre par les femmes, releva son parti; Richard III fut vaincu et tué à **Bosworth** (1485).

Henri VII Tudor, roi d'Angleterre par cette victoire, **termina la guerre des Deux-Roses,** et réconcilia les partis épuisés en épousant Élisabeth d'York, fille d'Édouard IV.

Cette lutte sanglante de trente années avait décimé et ruiné la noblesse anglaise. Elle cessa d'être un obstacle pour la royauté, et les Tudors, qui gouvernèrent pendant plus d'un siècle l'Angleterre, rendirent le **pouvoir royal à peu près absolu,** en faisant oublier à la nation la perte de ses libertés par l'éclat de leur politique au dehors et l'essor qu'ils donnèrent au commerce et à l'industrie.

Formation du royaume d'Espagne. — Ferdinand le Catholique et Isabelle.

1469-1515.

La péninsule hispanique, divisée encore au milieu du xve siècle, comme pendant tout le moyen âge, comprenait en 1453, sans compter le Portugal, les trois **royaumes chrétiens de Navarre, d'Aragon et de Castille**, et le royaume maure **de Grenade**.

En Navarre, la maison française d'Évreux venait de finir avec Blanche, épouse de **Jean d'Aragon** (1441). Celui-ci s'empara de la couronne sur son propre fils, don Carlos, prince de Viane. Il la laissa à sa fille Éléonore, qui la porta par mariage dans la **maison de Foix**, et la Navarre passa de même en 1484 dans la **maison d'Albret.**

La monarchie aragonaise, sous le règne d'**Alphonse V,** le Magnanime, était la plus puissante de la péninsule ; elle dominait sur toute la Méditerranée. A sa mort, en 1458, Alphonse V laissa le royaume de Naples seulement à **son fils, Ferdinand le Bâtard,** et le reste de ses États à **son frère, Jean II d'Aragon,** déjà maître de la Navarre.

La Castille était agitée par les révoltes des Grands contre **Henri IV.** Déposé publiquement en effigie dans la plaine d'Avila, ce triste prince ne put conserver le titre de roi qu'en désavouant sa fille et en reconnaissant pour héritière **sa sœur, Isabelle.**

Le mariage d'Isabelle de Castille avec Ferdinand le Catholique, fils de Jean II, roi d'Aragon, prépara la réunion des deux plus puissants royaumes de la péninsule (1469). Ils ne tardèrent pas l'un et l'autre à monter sur le trône après la mort de Henri IV (1474) et de Jean II (1479), et ils consommèrent l'unité territoriale de l'Espagne par la conquête des royaumes de Grenade et de Navarre.

Après un siége mémorable qui dura près d'un an, secondés par le fameux capitaine Gonzalve de Cordoue, **ils s'emparent de Grenade** sur le dernier roi maure Boabdil, en 1492.

A la fin de son règne, **Ferdinand** le Catholique, profitant de la guerre contre la France, **enlève la Navarre** espagnole à Jean d'Albret, allié de Louis XII (1512).

Ferdinand et Isabelle ne réussirent pas moins dans leurs efforts communs pour fortifier **le pouvoir royal**, par l'abaissement des grands et la destruction des libertés nationales.

L'inquisition, à qui ils avaient accordé l'expulsion des Juifs, devient dans leurs mains un moyen terrible de gouvernement.

Ils réunissent à la couronne **les grandes maîtrises** des ordres de Calatrava, d'Alcantara et de Saint-Jacques de Compostelle.

La milice municipale de **la Sainte-Hermandad** est transformée en milice royale.

Isabelle mourut en 1504; la Castille alors fut gouvernée par son gendre, **Philippe le Beau**, époux de Jeanne la Folle, et, à la mort de ce prince, par le cardinal **Ximénès,** dont l'énergique fermeté maintint les grands dans l'obéissance.

Ferdinand le Catholique légua en mourant (1516) toutes ses couronnes à son petit-fils, **Charles d'Autriche**, fils de Philippe le Beau et de Jeanne la Folle, déjà héritier du royaume de Castille, et qui fut ainsi le **premier roi d'Espagne**. C'est lui que nous verrons bientôt empereur sous le nom de Charles-Quint.

Dès les premières années de son règne, il compléta l'œuvre de Ferdinand et d'Isabelle par son mépris pour les libertés du pays. Les villes se soulevèrent sous le nom de **communeros**, mais elles furent battues à **Villalar**, et leur chef, **don Juan de Padilla**, mourut sur l'échafaud (1521).

N° XVII.

La formation des grandes monarchies amène les grandes guerres.
— Guerre d'Italie de 1494 à 1516.

Les grandes monarchies s'étaient formées au xve siècle, surtout par le développement de la force militaire; l'établissement des **armées permanentes** créait pour les princes la **nécessité**, trop favorable à leur ambition, **de les occuper au dehors.** De là les guerres de conquête, l'équilibre européen si souvent menacé et ces grandes coalitions qui remplissent l'histoire des temps modernes.

L'Italie et l'Allemagne, qui n'avaient pu arriver à l'unité comme la France, l'Espagne et l'Angleterre, étaient destinées à servir de champ de bataille à leurs puissants voisins.

PREMIÈRE QUESTION.

Expédition de Charles VIII en Italie.

1494-1496.

L'Italie, à l'époque de l'expédition de Charles VIII, était divisée, comme à la fin du moyen âge, en petits États jaloux les uns des autres. Les principaux étaient :

1° **Le duché de Savoie,** sur les deux versants des Alpes.

2° **Le duché de Milan,** de la Sésia à l'Adda, sur lequel régnaient les **Sforza,** successeurs des Visconti. — **La république de Gênes,** affaiblie par ses discordes intestines, s'était livrée elle-même au duc de Milan.

3° **La république de Venise** encore puissante par son commerce et son influence politique. Ses acquisitions de terre ferme compensaient pour elle ce que lui avaient déjà enlevé les conquêtes des Turcs; elle possédait tout le contour de la mer Adriatique, depuis le lac de Côme jusqu'à l'extrémité de la Dalmatie.

4° **La république de Florence**, qui dominait sur toute la Toscane et qui était gouvernée par **les Médicis**. Elle allait retrouver, pour quelques jours, la liberté, à la voix du moine **Savonarole**.

5° **Les États de l'Église**, où **Alexandre VI Borgia** consacrait à rétablir l'autorité du pape toutes les ressources d'une politique qu'on a stigmatisée de son nom.

6° **Le royaume de Naples**, sur lequel régnait une branche bâtarde de la **maison d'Aragon**, dans la personne de Ferdinand, fils d'Alphonse le Magnanime.

Charles VIII, héritier, comme roi de France, **de la seconde maison d'Anjou**, avait à faire valoir, sur le royaume de Naples, les droits que René de Provence tenait d'un second testament de la reine Jeanne II, dernière descendante du frère de saint Louis.

Son ambition était encouragée par l'état de l'Italie, sollicitée même par quelques-uns des princes italiens : par Ludovic le More, qui voulait enlever la couronne de Milan à son neveu, gendre du roi de Naples ; par le pape Alexandre VI, à qui Ferdinand d'Aragon refusait le tribut payé autrefois par Charles d'Anjou ; enfin, par la noblesse napolitaine, d'origine française, qui se voyait dépouillée par les Aragonais.

Il entre en Italie par le mont Genèvre, avec soixante mille hommes et une nombreuse artillerie. Le duc d'Orléans l'avait précédé en débarquant à Gênes, et la *furia francese*, à la **bataille de Rapallo**, avait répandu partout la terreur.

Le roi poursuit sa marche par **Pavie**, par **Florence**, où son arrivée est précédée de la chute des Médicis ; par **Rome** (1er janvier 1495), où le pape effrayé s'empresse d'accepter ses conditions.

Il pénètre alors dans le royaume de Naples. Ferdinand venait de mourir, et Ferdinand II, son petit-fils, abandonné par son armée, par son peuple, se retire dans l'île d'Ischia. **Charles VIII entre dans Naples** en vainqueur, sans avoir combattu (21 février).

Cependant les Italiens, revenus de leur panique, forment une **ligue contre les Français**, à laquelle s'unissent l'empereur Maximilien et Ferdinand le Catholique.

Charles VIII s'ouvre la route de France par la brillante victoire de **Fornoue** sur l'armée coalisée (6 juillet).

Mais la petite troupe des Français, laissée dans le royaume de Naples pour garder la conquête, est obligée de capituler après avoir perdu son chef, le vice-roi Gilbert de Montpensier. **Gonzalve de Cordoue**, envoyé par Ferdinand le Catholique, **rétablit la branche d'Aragon** dans la personne de Frédéric III, oncle de Ferdinand II (1496).

Charles VIII préparait une nouvelle expédition, lorsqu'il mourut à Amboise, en 1498, sans laisser d'enfants.

DEUXIÈME QUESTION.

Expéditions de Louis XII.

1498-1515.

Avec Charles VIII finissent les Valois directs, et la **branche d'Orléans** arrive au trône avec Louis XII. — Le premier acte de ce prince fut de répudier sa femme, Jeanne, fille de Louis XI, pour **épouser Anne de Bretagne**, veuve de Charles VIII.

Ses prétentions sur l'Italie occasionnent **quatre guerres**, entre lesquelles se partage son règne.

1º *Conquête du Milanais* (1499 et 1500).

Héritier des Visconti par son aïeule, Valentine de Milan, Louis XII fait **alliance avec les Vénitiens** pour dépouiller les Sforza.

Deux expéditions le rendent maître du duché de Milan et de la république de Gênes. **Ludovic le More, livré à Novare** par les **Suisses**, meurt captif à Loches.

2° *Conquête et perte du royaume de Naples;*
traités de Blois (1500-1504).

Héritier des prétentions de la maison de France sur le royaume de Naples, Louis XII s'allie avec Ferdinand le Catholique, par le **traité de Grenade**, pour en chasser Frédéric III.

La conquête faite en commun, **les Français en sont expulsés** par Gonzalve de Cordoue, après une suite de revers, **à Séminara**, **à Cérignoles** et au **Garigliano** (1503).

C'est alors que Louis XII, cédant aux instances de sa femme, Anne de Bretagne, signe avec l'Autriche et l'Espagne **les traités de Blois**. Il fiançait sa fille unique, Claude de France, au petit-fils de l'empereur et de Ferdinand le Catholique, Charles d'Autriche, qui devait être Charles-Quint; il lui abandonnait en dot la Bretagne, la Bourgogne, le Milanais, et cédait ses droits sur Naples (1504).

Heureusement pour la France, dont un tel traité menaçait l'existence, Louis XII s'en affranchit bientôt en se faisant demander par les **États généraux de Tours** le mariage de sa fille avec le dauphin, François, comte d'Angoulême (1506). Mais le royaume de Naples resta perdu pour toujours.

3° *Jules II. — Ligue de Cambrai contre Venise*
(1508-1509).

Alexandre Borgia était mort en 1503, et **Jules II**, en montant sur le trône pontifical, s'était proposé de chasser les étrangers, *les Barbares*, au delà des Alpes, et de donner à l'Italie l'unité sous la domination du saint-siége.

Mais avant de poursuivre ses desseins contre les Français (révolte de **Gênes**, 1507), il voulut abaisser Venise; il forma contre cette république la **ligue de Cambrai**, avec les plus puissants princes de l'Europe, l'empereur, Ferdinand le Catholique, Louis XII lui-même, qui porta aux Vénitiens le coup le plus cruel par la victoire d'**Agnadel** (1509).

4° *La Sainte Ligue* (1510-1514).

Vainqueur de Venise par les armes de la France, Jules II réunit contre son ancien allié les Suisses, Henri VIII, roi d'Angleterre, Venise elle-même et tous les membres de la ligue précédente.

Tandis que Louis XII assemble des **conciles à Tours et à Pise** (1510) pour savoir s'il peut faire la guerre au pape, celui-ci, malgré ses soixante-dix ans, entre à **la Mirandole** par la brèche (1511).

Après une brillante **campagne de Gaston de Foix**, qui en moins de trois mois (1512, février-avril) délivra **Bologne**, prit **Brescia** et gagna la célèbre bataille de **Ravenne**, où il perdit la vie. les Français n'éprouvèrent plus que des revers.

Ils sont chassés du Milanais par les suisses, qui y rétablissent le fils de Ludovic le More, Maximilien Sforza, et la **défaite de Novare** les force à repasser les Alpes (juin 1513).

En même temps, la France est attaquée sur ses trois frontières : — aux Pyrénées, où **Ferdinand le Catholique s'empare de la Navarre** sur Jean d'Albret, allié de Louis XII (1512); — en Bourgogne, où **les Suisses assiégent Dijon** (1513, septembre), — et en Picardie, où Henri VIII et Maximilien sont vainqueurs à la journée de **Guinegate**, dite *journée des Éperons* (1513, août). Notre seul allié, le roi d'Écosse, Jacques IV, est battu et tué à Flowden.

Heureusement pour la France, ses ennemis étaient désunis ou épuisés : Jules II était mort, et **Léon X**, son successeur, bien qu'il eût renouvelé la sainte **ligue à Malines,** n'avait pas hérité de sa haine contre la France.

Louis XII se réconcilia avec le saint-siège en promettant l'abolition de la Pragmatique; il laissa la Navarre à Ferdinand, donna de l'argent à Henri VIII et épousa sa sœur, Marie d'Angleterre (**Traité de Londres, 1514**).

Il mourut trois mois après ce mariage (1er janvier 1515).

Louis XII avait commis **deux grandes fautes** politiques : son alliance avec les ennemis de Venise, qui étaient ceux de la France, et sa rupture avec les Suisses, dont il ne voulut pas subir les exigences pécuniaires. Ce furent là les causes principales de ses désastres.

L'honneur de son règne, auquel il faut associer son ministre, son ami, **Georges d'Amboise**, est dans ses utiles réformes, dans un **gouvernement sage et économe**, qui lui a mérité le titre de *Père du peuple* (diminution des impôts ; — rédaction des coutumes, création des parlements d'Aix et de Rouen (1499 et 1501).

TROISIÈME QUESTION.

François Ier. — Bataille de Marignan.

1515.

François Ier, chef de la branche d'**Orléans-Angoulême**, avait sur l'Italie les mêmes prétentions que Louis XII, et son règne débuta par la victoire de **Marignan** sur les Suisses (1515).

Cette brillante victoire, qui coûta deux jours de combat, eut d'immenses résultats : **Le Milanais fut conquis** ; — la France conclut une **paix perpétuelle avec les Suisses** ; — le pape Léon X signa le fameux **Concordat** de 1516, œuvre du chancelier Duprat, qui laissait au saint-siège les annates et qui donnait au roi le droit de nommer à tous les bénéfices ecclésiastiques.

La France fut toute-puissante en Italie, et François Ier au premier rang parmi les princes de son temps. Charles d'Autriche, qui venait de monter sur le trône d'Espagne, rechercha son alliance et s'engagea même, par le **traité de Noyon**, à rendre la Navarre à la maison d'Albret (1516).

Nº XVIII.

Première rivalité des maisons de France et d'Autriche; François Iᵉʳ
et Charles-Quint; Soliman; traité de Cateau-Cambrésis.

PREMIÈRE QUESTION.

Origine de la rivalité de la France et de l'Autriche. — François Iᵉʳ et Charles-Quint.

La rivalité des maisons de France et d'Autriche a pour origine le **mariage de Maximilien d'Autriche**, fils de l'empereur Frédéric III, empereur lui-même en 1493, **avec Marie de Bourgogne**, fille et unique héritière de Charles le Téméraire. Elle occupe la plus grande place dans l'histoire politique et militaire de l'Europe de 1516 à 1648, et présente **deux périodes** :

La première avec **François Iᵉʳ et Charles-Quint** est mêlée aux guerres d'Italie et finit avec elles sous les règnes de Henri II et de Philippe II, par le triomphe de l'Espagne au traité de Cateau-Cambrésis (1559).

La seconde sous **Henri IV et Richelieu,** mêlée aux guerres religieuses de la France et de l'Allemagne, finit par l'abaissement de la maison d'Autriche aux traités de Westphalie (1648).

Charles d'Autriche, petit-fils de Maximilien et de Marie de Bourgogne par son père, Philippe le Beau, de Ferdinand le Catholique et d'Isabelle par sa mère, Jeanne la Folle, avait hérité des domaines de la maison de Bourgogne (Pays-Bas, Flandre, Artois et Franche-Comté), des couronnes d'Espagne, de Naples, de Sicile, de Sardaigne et du Nouveau-Monde. A la mort de Maximilien, en 1519, il fut élu **empereur,** malgré les prétentions de François Iᵉʳ. Ce fut le commencement de leur rivalité, mais elle avait des causes plus profondes : la **puissance même de Charles-Quint** menaçante pour l'équilibre européen ;

les **prétentions** communes des deux princes **à la succession de Bourgogne et à** la domination de l'Italie.

Leurs **ressources** étaient à peu près égales : aux vastes États de Charles-Quint, épars, difficiles à défendre, François Ier opposait la France unie sous sa volonté royale.

L'Angleterre était appelée à tenir la balance. Dès le début, les deux rivaux recherchent l'alliance de **Henri VIII**. Mais celui-ci revient de l'entrevue du **camp du Drap-d'Or** (1520), blessé de la magnificence et de la supériorité des Français ; sous l'influence du cardinal **Wolsey**, à qui Charles-Quint avait promis la tiare, il se déclare d'abord contre François Ier.

La rivalité entre François et Charles-Quint occasionne **quatre guerres**, dont l'Italie, qui doit être le prix du vainqueur, est encore le principal théâtre.

DEUXIÈME QUESTION.

Les deux premières guerres entre François Ier et Charles-Quint jusqu'au traité de Cambrai.

1520-1529.

Première guerre : Traité de Madrid (1520-1526).

Charles-Quint fournit un prétexte à la première guerre par son **refus de rendre la Navarre à la maison d'Albret**. Elle a lieu sur **trois théâtres** :

Dans la Navarre, qui est conquise, puis perdue par Lesparre ;

Sur la frontière des Pays-Bas, où Bayard sauve **Mézières**, assiégé par les Impériaux ;

Dans le Milanais : Lautrec, gouverneur de cette province, en est chassé par la défaite de **la Bicoque** (1522). L'amiral Bonnivet essaie vainement d'y rentrer, il trouve à la tête des armées de Charles-Quint **le connétable de Bourbon**, que les intrigues de Louise de Savoie avaient poussé à la trahison. Il est vaincu à **Biagrasso** et au passage de **la Sésia**, où fut mortellement blessé le chevalier **Bayard** (1524).